バランス献立シリーズ 2

改訂新版

1200kcalの和風献立

献立・料理●大石みどり

この本を利用するために

1200kcalの献立とはどんなもの?

人は何もしないでじっとしているだけでエネルギーを消費します。これを基礎代謝といいます。成人女性の基礎代謝量が１日約１２００kcal。つまり生きていくために最低限必要なエネルギーを確保するための献立が１２００kcalの献立なのです。

食事でとるエネルギー１２００kcal（摂取エネルギー）−基礎代謝量１２００kcal＝０になるので、歩いたり、動いたりするために必要なエネルギーは体内に蓄積された脂肪を燃焼して補給されます。太った人はかならずやせられるというわけです。

こんなかたにおすすめします

太ったかたはもちろん、糖尿病、動脈硬化症、心臓病などの成人病で、医師や栄養士から１２００kcalを指示されたかたにも安心して利用できます。

太っているかたで、１２００kcalをしばらく実践して、もし体重が減りすぎる場合は主食の量を増やしてエネルギーを増やします。減らないかたは、摂取エネルギーをこれ以上減らすことはできないのでそのまま変えずに、運動するなどして消費エネルギーを増やすようにします。

バランスのとれた献立を立てるには

エネルギー量だけにこだわるなら、食べる量を減らせばいいだけなので簡単ですが、食事量を減らしつつ、しかも栄養素を確保しなければ、バランスのとれた献立にはなりません。

食品は栄養素の働きの特徴によって「４つの食品群」に分けられます。この第１〜４群の中からまんべんなく食品をとることによって、自然に栄養のバランスがとれます。第１〜３群で必要な栄養素を確保し、第４群でエネルギー

食事摂取基準　例：20歳代女性

たんぱく質	50g／日 ※1
脂肪エネルギー比率	20%以上30%未満 ※2
カルシウム	700mg／日 ※3
鉄	10.5mg／日 ※4
ビタミンA(レチノール当量)	600μgRE／日 ※1
ビタミンB_1	1.1mg／日 ※1
ビタミンB_2	1.2mg／日 ※1
ビタミンC	100mg／日 ※1

※１推奨量
※２目標量
※３目安量
※４推奨量（月経あり）
※５脂肪エネルギー比率はエネルギー摂取量に占める割合。
1200kcalの場合、240〜360kcal（26.7〜40g）

「日本人の食事摂取基準(2005年版)」（厚生労働省）より

を調節します。

献立の基本は主食、主菜、副菜、汁物の組み合わせ。ただし、汁物は塩分のとりすぎにつながるので1日1回に。まずたんぱく質源の♠第1群と♥第2群の食品を主菜にし、ビタミン、ミネラル源の♣第3群を副菜に、エネルギー源の◆第4群を主食にします。エネルギーは朝食350kcal前後、昼食350kcal前後、夕食450kcal前後が理想です。

成功させるコツは計量から

はかりと計量カップ、スプーンを用意し、野菜も肉も調味料もすべて材料表どおりに準備します。目分量でやると、エネルギーに狂いが出てしまいます。油は1gで9kcalもあるので、あっという間にエネルギーははね上がります。慣れないうちはめんどうですが、習慣づけてしまえば苦にならなくなります。計るだけではなく、材料を勝手に変えることのないように。

まずフローチャートの実践から

いきなり1200kcalの献立を立てるのは無理なことです。まずは6～8ページの献立例をそのまま実践して慣れることから始めましょう。

基本献立15×3＝45を使い、エネルギー1150～1250kcal、食事摂取基準の数値を満たし、塩分は10g前後になるように献立を組み合わせ、60の1日献立例を作りました。

また、朝食から献立を考えるかた、昼食または夕食から考えるかた、それぞれ食生活パターンの異なることを考慮し、順列を変えて紹介しました。

献立例に従って60日間毎日続けていれば、1200kcalの食事にも慣れ、献立の立て方、食品の選び方がわかってくるはずです。

●「4つの食品群」

♠第1群	♥第2群
乳・乳製品、卵	肉、魚介、豆・豆製品
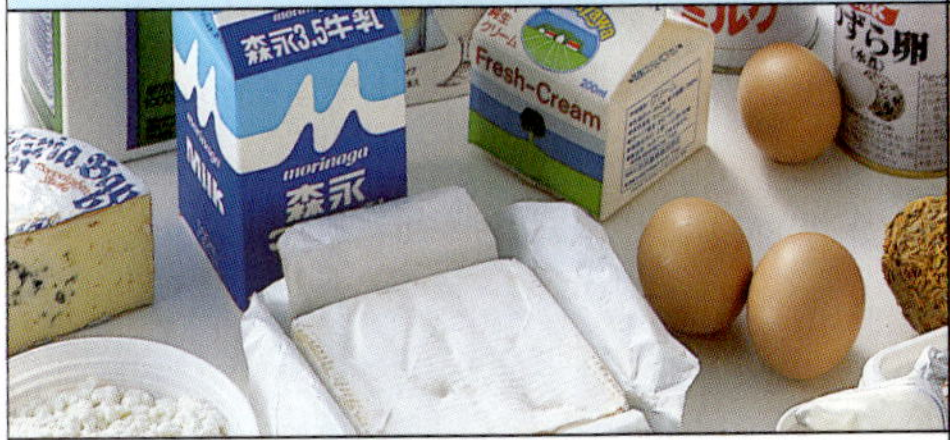	
♣第3群	◆第4群
野菜、きのこ、海藻、芋、果物	穀物、砂糖、油脂

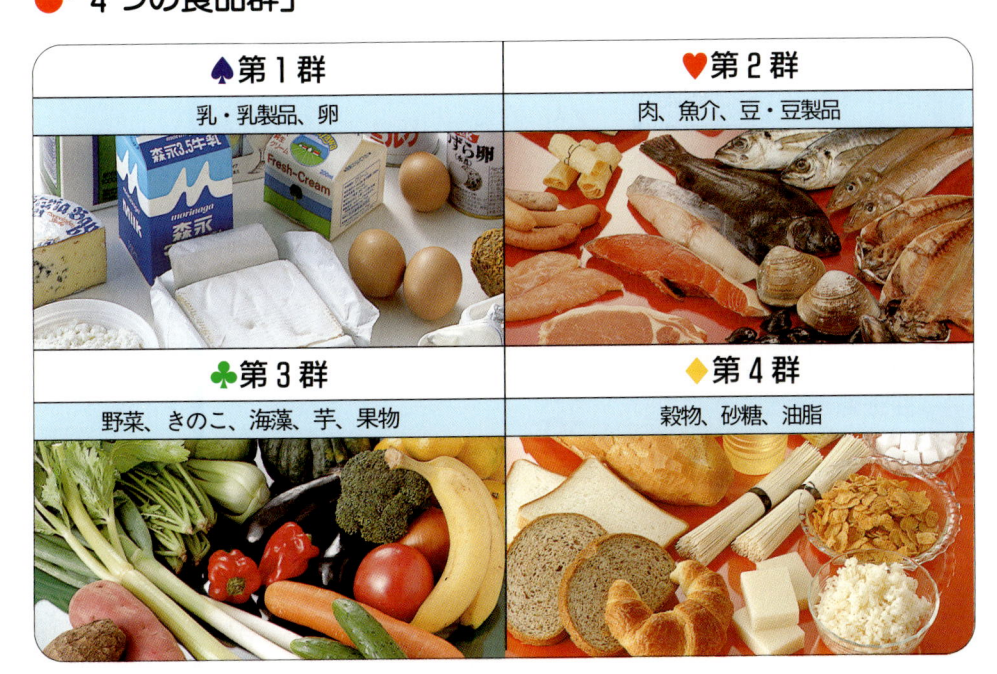

バランス献立シリーズ

改訂新版

1200kcalの和風献立

目次

朝食、昼食、夕食それぞれ15献立に、①～⑮の番号をふり、献立のエネルギー、たんぱく質(P)、脂質(F)、炭水化物(C) 量を表示しました。6～8ページの「1日献立のフローチャート」では献立を番号で表記してあります。わかりやすいように朝食を赤色、昼食を黄色、夕食を青色に色分けしました。

この本を利用するために……2
朝昼夕の基本献立一覧……4
1日献立のフローチャート
　朝食メーンのパターン……6
　昼食メーンのパターン……7
　夕食メーンのパターン……8
応用献立を活用するために……9
栄養成分値つき料理一覧……124

応用献立を作るための一品料理のバリエーション

主菜にもなるスピード料理……28
お弁当に重宝な常備菜……56
簡単どんぶり・一皿料理……78
たんぱく質たっぷりの主菜……100
あと1品の副菜……116
低エネルギーのおやつとデザート……120
果物のエネルギー早わかり……122

朝食

1 カマスの干物献立 410kcal P20.5g F9.2g C60.2g　10
2 サケ缶のユッケ献立 400kcal P19.1g F11.1g C56.6g　12
3 たたみイワシ献立 353kcal P14.4g F7.1g C57.4g　14
4 ツナおろし献立 288kcal P15.4g F1.9g C52.2g　16
5 はんぺんのチーズ焼き献立 438kcal P22.2g F5.8g C74.3g　18
6 かまぼこの刺し身献立 406kcal P22.6g F6.7g C65.4g　20
7 チャンプルー献立 407kcal P17.5g F8.5g C64.7g　22
8 肉豆腐献立 350kcal P18.6g F5.1g C57.5g　24
9 塌菜とひき肉のいため物献立 359kcal P16.2g F5.5g C61.3g　26
10 温泉卵のなめたけあんかけ献立 363kcal P16.5g F9.7g C55.2g　32
11 しいたけ入り卵焼き献立 392kcal P14.0g F11.6g C57.7g　34
12 目玉焼き献立 395kcal P14.3g F13.6g C54.6g　36
13 凍り豆腐とにらの卵とじ献立 344kcal P14.7g F6.9g C55.8g　38
14 卵とトマトのいため物献立 360kcal P13.5g F10.2g C52.5g　40
15 卵雑炊献立 343kcal P12.9g F7.9g C56.1g　42

朝昼夕の基本献立一覧

昼　食

No.	献立	栄養	ページ
1	カジキのみそ柚庵焼き弁当	348kcal P13.8g F4.8g C60.8g	44
2	鶏肉としめじの煮物弁当	364kcal P30.3g F3.2g C54.8g	46
3	エビの卵つけ焼き弁当	390kcal P19.5g F7.0g C61.1g	48
4	ささ身のタラコ巻き弁当	327kcal P23.7g F2.7g C51.6g	50
5	エビとまいたけのいため物弁当	451kcal P16.7g F4.6g C69.9g	52
6	カニしいたけシューマイ弁当	361kcal P22.9g F2.6g C61.6g	54
7	鶏肉と野菜の煮しめ献立	400kcal P21.0g F5.4g C68.2g	60
8	みそおでん献立	399kcal P14.1g F5.5g C74.8g	62
9	豚肉の野菜巻き献立	399kcal P20.3g F9.2g C57.6g	64
10	焼きとり献立	422kcal P26.1g F2.2g C73.1g	66
11	そばずし献立	382kcal P22.5g F4.9g C65.1g	68
12	すいとん献立	398kcal P22.8g F3.9g C69.2g	70
13	焼きうどん献立	353kcal P17.9g F8.3g C53.6g	72
14	二色そうめん献立	435kcal P14.3g F4.6g C83.4g	74
15	タラコスパゲティ献立	408kcal P23.1g F7.3g C67.6g	76

夕　食

No.	献立	栄養	ページ
1	和食ステーキ献立	431kcal P23.1g F7.2g C67.6g	82
2	牛肉の赤ワイン漬け献立	442kcal P19.9g F11.0g C66.3g	84
3	牛肉の冷しゃぶ献立	445kcal P24.5g F4.9g C74.7g	86
4	和風ハンバーグ献立	445kcal P27.6g F7.4g C70.4g	88
5	豚肉のミルク汁献立	446kcal P16.4g F5.4g C86.7g	90
6	豚肉と白菜の煮物献立	452kcal P30.3g F9.4g C63.0g	92
7	豚肉のしょうが焼き献立	436kcal P32.2g F7.2g C61.3g	94
8	肉じゃが献立	443kcal P20.6g F3.5g C83.2g	96
9	鶏肉と里芋の煮物献立	429kcal P21.9g F5.1g C77.3g	98
10	キンメダイのみぞれ蒸し献立	404kcal P17.5g F5.7g C71.8g	104
11	サケの焼き浸し献立	437kcal P23.9g F10.1g C62.9g	106
12	マグロと焼きなすの山かけ献立	442kcal P27.3g F3.1g C76.7g	108
13	ホタテ貝柱のフライ献立	440kcal P18.2g F9.9g C71.0g	110
14	空也蒸し献立	443kcal P24.9g F7.1g C68.8g	112
15	和風ゆでギョーザ献立	417kcal P17.7g F6.7g C70.0g	114

あ 朝食メーンのパターン ——1日献立のフローチャート——

朝食、昼食、夕食の各15の基本献立（○の中の数字は献立番号、下の数字は掲載ページ）と120～121ページのおやつとデザート（1～7）を使い、朝食中心に組み合わせたもの。

1	カマスの干物	3	48	9	98	
1	カマスの干物	6	54	14	112	
1	カマスの干物	7	60	15	114	7
1	カマスの干物	11	68	3	86	
2	サケ缶のユッケ	5	52	15	114	7
2	サケ缶のユッケ	8	62	5	90	2
2	サケ缶のユッケ	9	64	13	110	7
2	サケ缶のユッケ	11	68	1	82	4
3	たたみイワシ	5	52	4	88	
3	たたみイワシ	7	60	14	112	
3	たたみイワシ	11	68	8	96	7
3	たたみイワシ	12	70	2	84	3
4	ツナおろし	3	48	9	98	6
4	ツナおろし	9	64	14	112	3
4	ツナおろし	12	70	15	114	7
4	ツナおろし	14	74	2	84	2
5	はんぺんのチーズ焼き	3	48	13	110	
5	はんぺんのチーズ焼き	8	62	2	84	
5	はんぺんのチーズ焼き	10	66	15	114	
5	はんぺんのチーズ焼き	12	70	5	90	
6	かまぼこの刺し身	1	44	9	98	6
6	かまぼこの刺し身	3	48	11	106	
6	かまぼこの刺し身	13	72	3	86	
7	チャンプルー	1	44	8	96	7
7	チャンプルー	2	46	5	90	
7	チャンプルー	3	48	7	94	
7	チャンプルー	11	68	15	114	
7	チャンプルー	12	70	10	104	7
8	肉豆腐	4	50	14	112	6
8	肉豆腐	6	54	11	106	
8	肉豆腐	11	68	10	104	
8	肉豆腐	14	74	13	110	
9	塌菜とひき肉のいため物	4	50	14	112	3
9	塌菜とひき肉のいため物	8	62	5	90	
9	塌菜とひき肉のいため物	11	68	8	96	
9	塌菜とひき肉のいため物	15	76	2	84	
10	温泉卵のなめたけあんかけ	1	44	12	108	4
10	温泉卵のなめたけあんかけ	3	48	6	92	2
10	温泉卵のなめたけあんかけ	5	52	10	104	1
10	温泉卵のなめたけあんかけ	12	70	1	82	7
11	しいたけ入り卵焼き	1	44	8	96	7
11	しいたけ入り卵焼き	5	52	5	90	
11	しいたけ入り卵焼き	13	72	3	86	3
11	しいたけ入り卵焼き	13	72	12	108	
12	目玉焼き	8	62	8	96	7
12	目玉焼き	10	66	11	106	
12	目玉焼き	12	70	7	94	
12	目玉焼き	14	74	2	84	
13	凍り豆腐とにらの卵とじ	5	52	9	98	
13	凍り豆腐とにらの卵とじ	8	62	11	106	7
13	凍り豆腐とにらの卵とじ	9	64	12	108	
13	凍り豆腐とにらの卵とじ	14	74	13	110	
14	卵とトマトのいため物	7	60	15	114	6
14	卵とトマトのいため物	10	66	13	110	7
14	卵とトマトのいため物	11	68	8	96	7
14	卵とトマトのいため物	15	76	2	84	7
15	卵雑炊	1	44	4	88	5
15	卵雑炊	5	52	11	106	
15	卵雑炊	8	62	6	92	7
15	卵雑炊	9	64	10	104	1

ひ 昼食メーンのパターン——1日献立のフローチャート——

6ページの基本献立の組み合わせ例を昼食中心に展開したものです。昼食①〜⑥はお弁当、⑦〜⑮は家で食べる献立です。ライフスタイルに合わせて選んでください。

6	20	1	カジキのみそ柚庵焼き	9	98	6
7	22	1	カジキのみそ柚庵焼き	8	96	7
10	32	1	カジキのみそ柚庵焼き	12	108	4
11	34	1	カジキのみそ柚庵焼き	8	96	7
15	42	1	カジキのみそ柚庵焼き	4	88	5
7	22	2	鶏肉としめじの煮物	5	90	2
1	10	3	エビの卵つけ焼き	9	98	
4	16	3	エビの卵つけ焼き	9	98	6
5	18	3	エビの卵つけ焼き	13	110	
6	20	3	エビの卵つけ焼き	11	106	
7	22	3	エビの卵つけ焼き	7	94	
10	32	3	エビの卵つけ焼き	6	92	2
8	24	4	ささ身のタラコ巻き	14	112	6
9	26	4	ささ身のタラコ巻き	14	112	3
2	12	5	エビとまいたけのいため物	15	114	7
3	14	5	エビとまいたけのいため物	4	88	
10	32	5	エビとまいたけのいため物	10	104	1
11	34	5	エビとまいたけのいため物	5	90	
13	38	5	エビとまいたけのいため物	9	98	
15	42	5	エビとまいたけのいため物	11	106	
1	10	6	カニしいたけシューマイ	14	112	
8	24	6	カニしいたけシューマイ	11	106	
1	10	7	鶏肉と野菜の煮しめ	15	114	7
3	14	7	鶏肉と野菜の煮しめ	14	112	
14	40	7	鶏肉と野菜の煮しめ	15	114	6
2	12	8	みそおでん	5	90	2
5	18	8	みそおでん	2	84	
9	26	8	みそおでん	5	90	
12	36	8	みそおでん	8	96	7
13	38	8	みそおでん	11	106	7
15	42	8	みそおでん	6	92	7
2	12	9	豚肉の野菜巻き	13	110	7
4	16	9	豚肉の野菜巻き	14	112	3
13	38	9	豚肉の野菜巻き	12	108	
15	42	9	豚肉の野菜巻き	10	104	1
5	18	10	焼きとり	15	114	
12	36	10	焼きとり	11	106	
14	40	10	焼きとり	13	110	7
1	10	11	そばずし	3	86	
2	12	11	そばずし	1	82	4
3	14	11	そばずし	8	96	7
7	22	11	そばずし	15	114	
8	24	11	そばずし	10	104	1
9	26	11	そばずし	8	96	
14	40	11	そばずし	8	96	7
3	14	12	すいとん	2	84	3
4	16	12	すいとん	15	114	7
5	18	12	すいとん	5	90	
7	22	12	すいとん	10	104	7
10	32	12	すいとん	1	82	7
12	36	12	すいとん	7	94	
6	20	13	焼きうどん	3	86	
11	34	13	焼きうどん	3	86	3
11	34	13	焼きうどん	12	108	
4	16	14	二色そうめん	2	84	2
8	24	14	二色そうめん	13	110	
12	36	14	二色そうめん	2	84	
13	38	14	二色そうめん	13	110	
9	26	15	タラコスパゲティ	2	84	
14	40	15	タラコスパゲティ	2	84	7

ゆ 夕食メーンのパターン——1日献立のフローチャート——

6ページの基本献立の組み合わせ例を夕食中心に展開したものです。掲載ページの写真を参考にし、気に入った献立があったら、それを中心に1日の献立を。

2	12	11	68	1	和風ステーキ	4
10	32	12	70	1	和風ステーキ	7
3	14	12	70	2	牛肉の赤ワイン漬け	3
4	16	14	74	2	牛肉の赤ワイン漬け	2
5	18	8	62	2	牛肉の赤ワイン漬け	
9	26	15	76	2	牛肉の赤ワイン漬け	
12	36	14	74	2	牛肉の赤ワイン漬け	
14	40	15	76	2	牛肉の赤ワイン漬け	7
1	10	11	68	3	牛肉の冷しゃぶ	
6	20	13	72	3	牛肉の冷しゃぶ	
11	34	13	72	3	牛肉の冷しゃぶ	3
3	14	5	52	4	和風ハンバーグ	
15	42	1	44	4	和風ハンバーグ	5
2	12	8	62	5	豚肉のミルク汁	2
5	18	12	70	5	豚肉のミルク汁	
7	22	2	46	5	豚肉のミルク汁	
9	26	8	62	5	豚肉のミルク汁	
11	34	5	52	5	豚肉のミルク汁	
10	32	3	48	6	豚肉と白菜の煮物	2
15	42	8	62	6	豚肉と白菜の煮物	7
7	22	3	48	7	豚肉のしょうが焼き	
12	36	12	70	7	豚肉のしょうが焼き	
3	14	11	68	8	肉じゃが	7
7	22	1	44	8	肉じゃが	7
9	26	11	68	8	肉じゃが	
11	34	1	44	8	肉じゃが	7
12	36	8	62	8	肉じゃが	7
14	40	11	68	8	肉じゃが	7
1	10	3	48	9	鶏肉と里芋の煮物	
4	16	3	48	9	鶏肉と里芋の煮物	6
6	20	1	44	9	鶏肉と里芋の煮物	6
13	38	5	52	9	鶏肉と里芋の煮物	
7	22	12	70	10	キンメダイのみぞれ蒸し	7
8	24	11	68	10	キンメダイのみぞれ蒸し	1
10	32	5	52	10	キンメダイのみぞれ蒸し	1
15	42	9	64	10	キンメダイのみぞれ蒸し	1
6	20	3	48	11	サケの焼き浸し	
8	24	6	54	11	サケの焼き浸し	
12	36	10	66	11	サケの焼き浸し	
13	38	8	62	11	サケの焼き浸し	7
15	42	5	52	11	サケの焼き浸し	
10	32	1	44	12	マグロと焼きなすの山かけ	4
11	34	13	72	12	マグロと焼きなすの山かけ	
13	38	9	64	12	マグロと焼きなすの山かけ	
2	12	9	64	13	ホタテ貝柱のフライ	7
5	18	3	48	13	ホタテ貝柱のフライ	
8	24	14	74	13	ホタテ貝柱のフライ	
13	38	14	74	13	ホタテ貝柱のフライ	
14	40	10	66	13	ホタテ貝柱のフライ	7
1	10	6	54	14	空也蒸し	
3	14	7	60	14	空也蒸し	
4	16	9	64	14	空也蒸し	3
8	24	4	50	14	空也蒸し	6
9	26	4	50	14	空也蒸し	3
1	10	7	60	15	和風ゆでギョーザ	7
2	12	5	52	15	和風ゆでギョーザ	7
4	16	12	70	15	和風ゆでギョーザ	7
5	18	10	66	15	和風ゆでギョーザ	
7	22	11	68	15	和風ゆでギョーザ	
14	40	7	60	15	和風ゆでギョーザ	6

応用献立を活用するために

1日1200kcalの献立に慣れてきたら

6～8ページの「1日献立のフローチャート」に従って1日1200kcalの献立に慣れたら、今度は基本献立の「応用献立例3パターン」を使って自分自身で1日の献立を組み立ててみましょう。

基本献立の料理を中心に、一品料理のバリエーションで紹介した料理や、別の基本献立の中の料理を組み合わせ、新しい献立を3つずつ作りました。おもにⅠ、Ⅱは主菜を変えずに副菜、汁物を交換し、Ⅲは副菜、汁物を変えずに主菜を交換した献立にしてあります。もちろん、この応用献立例も栄養のバランスが考慮されているので、エネルギーの調整さえすれば1日献立に組み入れることができます。

3パターン以外にも基本献立の料理を交換し、新たな献立を作ることができます。さらにこのとき、ほぼ同じエネルギーの主菜は主菜と、副菜は副菜と交換してバランスをとることがポイントです。このとき、124～127ページの「栄養成分値つき料理一覧」の分類を参考にするとよいでしょう。バランス献立シリーズ③『1200kcalの洋風献立』も参考にすれば、献立により変化が出てバリエーションの幅も広がります。

●材料表の見方

- 分量はすべて正味重量です。
- だしは削りガツオや昆布でとっただしを使うか、市販のだしのもとを水で溶かして使ってください。後者の場合、だしのもとには塩分が含まれているので、調味料の分量は控えめにしてください。
- 中国風だし、鶏ガラスープは市販のスープのもとを水で溶かして使ってください。
- 1～2人分の分量で作りにくいものは倍量に増やして作りましょう（甘酢漬けなど）。
- 調味料は小さじ¼まで表記し、それより少ない分量は少量としました。ただし、塩はミニ1（1g）まで表記しました。
- 電子レンジの加熱時間は500Wのものを使った場合です。600Wの場合は2割減を目安に加熱してください。

材料表
作りやすい1～2人分にしてあります。

献立ナンバー
朝食●、昼食●、夕食●が各15献立ずつ計45の基本献立。組み合わせ例が6～8ページ。

でき上がり写真
すべて1人分で紹介しています。

この本の中の料理を活用して基本献立を変化させた応用献立例。■内の数字は料理の掲載ページ。

作り方
初心者のかたでも作れるようにしてあります。

1

カマスの干物献立

410kcal

Ⓐカマスの干物Ⓑ小松菜と油揚げの煮物Ⓒじゃが芋とわかめのみそ汁Ⓓ胚芽精米ご飯

「焼き魚にご飯とみそ汁」和風の朝食の典型です。干物魚やみそで塩分が多くなりがちなので、組み合わせる副菜はうす味のものにします。

作り方

カマスの干物

❶カマスの干物はグリルまたは熱した焼き網に表になる側からのせ、中火よりも少し弱い火で焼く。途中、身の縁が白く変わってきたら裏返し、さっと焼く。

❷大根は皮をむいておろし金ですりおろし、軽く水けをきる。

❸皿にカマス、大根おろしを盛り、大根おろしにはしょうゆをかける。

★しょうゆは干物にはかけず、大根おろしだけに少量かけます。干物のように一匹ものの魚は大きく見えるので、量のわりに満足感が得られます。

小松菜と油揚げの煮物

❶小松菜は塩少量（分量外）を加えた熱湯でゆでて水にとる。水けを絞り、3～4㎝長さに切る。

❷油揚げは熱湯をまわしかけて油抜きをし、1㎝幅の短冊切りにする。

❸なべにだしと油揚げを入れて火にかけ、小松菜を加える。砂糖としょうゆで調味し、さっと煮る。

★小松菜などの青菜をゆでて水にさらすのは、シュウ酸を除くため。シュウ酸はアクの成分で、渋みがあるだけでなく、たくさんとると結石の原因になります。

じゃが芋とわかめのみそ汁

❶じゃが芋は皮をむき、半月またはいちょう切りにして水にさらす。干しわかめはたっぷりの水につけてもどし、食べやすい大きさに切る。ねぎは、小口切りにする。

❷なべにだしとじゃが芋を入れて火にかける。じゃが芋が柔らかくなったら、みそを溶き入れ、仕上げに、わかめとねぎを加えて火を止める。

★じゃが芋は腹もちがよいうえ、ビタミンB_1、ビタミンC、食物繊維が多く、とても魅力的な食品です。

■材料（2人分）■

カマスの干物

カマス（干物）2尾（正味120g）
大根……………………………80g
しょうゆ……………………小さじ2

小松菜と油揚げの煮物

小松菜 ……………………200g
油揚げ…………………………10g
砂糖…………………………小さじ2
しょうゆ……………………大さじ3/4
だし…………………………2/3カップ

じゃが芋とわかめのみそ汁

じゃがいも ……1個（100g）
干しわかめ……………………4g
ねぎ……………………………2g
だし…………………………2½カップ
みそ…………………………大さじ1

胚芽精米ご飯 …………220g

■応用献立例の3パターン■ 主食＝胚芽精米ご飯110g・184kcal

	主菜	副菜①	副菜②	副菜③・汁物
Ⅰ 396kcal	カマスの干物 10 100kcal	あしたばのピーナッツバターあえ 20 57kcal	セロリのいため煮 79 45kcal	かぶの甘酢漬け 44 10kcal
Ⅱ 405kcal	イカの南部焼き 28 95kcal	小松菜と油揚げの煮物 10 69kcal		じゃが芋とわかめのみそ汁 10 57kcal
Ⅲ 381kcal	カジキのみそ柚庵焼き 44 71kcal	小松菜と油揚げの煮物 10 69kcal		じゃが芋とわかめのみそ汁 10 57kcal

D
C
B
A

2

サケ缶のユッケ献立 ……… 400kcal

Ⓐサケ缶のユッケⒷ切り昆布と糸こんにゃくの煮物Ⓒなすの漬物Ⓓ胚芽精米ご飯

主菜はサケ缶の意外な利用法です。火をいっさい使わずにできるので、忙しい朝にはぴったりな1品です。

作り方

サケ缶のユッケ

❶キャベツはせん切りにして水に放し、パリッとさせる。

❷缶詰のサケは汁けを軽くきり、粗くほぐす。

❸器にキャベツ、ほぐしたサケ缶、卵黄の順にのせ、ポン酢しょうゆをかける。

❹食べるときに全体を混ぜ合わせていただく。

★サケ缶は、中骨入りのものにすればカルシウムの摂取も期待できます。

切り昆布と糸こんにゃくの煮物

❶切り昆布は、食べやすく切る。糸こんにゃくはさっと熱湯に通し、食べやすく切る。

❷なべにだしを入れて火にかけ、煮立ったら切り昆布と糸こんにゃくを加える。砂糖としょうゆで調味し、汁けがなくなるまで弱火で煮る。

★乾物の切り昆布を使用する場合には、たっぷりの水に浸し、もどしてから料理します（乾物の分量は20ｇ）。

なすの漬物

なすの漬物は洗って軽く水けを絞り、食べやすい大きさに切る。

★漬物は手軽さから市販のものにしています。塩分の少ないもの、着色料などの添加物の少ないものを選んでください。

■材料（2人分）■

サケ缶のユッケ

サケの水煮缶詰 ………100ｇ
卵黄……………2個分（36ｇ）
キャベツ ………………100ｇ
ポン酢しょうゆ（市販）大さじ2/3

切り昆布と糸こんにゃくの煮物

切り昆布（生）……………80ｇ
糸こんにゃく……………80ｇ
砂糖……………………大さじ1
しょうゆ………………小さじ2
だし……………………2/3カップ

なすの漬物

なすの漬物（市販）………60ｇ

胚芽精米ご飯 …………220ｇ

材料選びのポイント①
鶏肉

鶏肉の皮には脂肪がたくさん。皮を除くとエネルギーはぐんと下がります。部位でくらべると胸肉よりもも肉のほうがエネルギーは高め。ささ身は最もエネルギーが少なく、しかも使いやすいのでおすすめ。皮つきの手羽元肉はエネルギーが高いのですが、見た目のわりには可食部が少なく、少量で満足できるので利用したい食品。気になるときは食べるときに皮を除いて。

■応用献立例の3パターン■　主食＝胚芽精米ご飯110ｇ・184kcal

	主菜	副菜①	副菜②	副菜③・汁物
Ⅰ 387kcal	サケ缶のユッケ 12 170kcal	青梗菜となめこのさっと煮 16 22kcal	かぶのゆかりあえ 40 11kcal	
Ⅱ 410kcal	サケ缶のユッケ 12 170kcal	きのこと竹の子のいため煮 56 39kcal		とろろ昆布汁 78 17kcal
Ⅲ 380kcal	油揚げのツナ詰め焼き 101 124kcal	切り昆布と糸こんにゃくの煮物 12 38kcal	なすの漬物（60ｇ） 12 8 kcal	ほうれん草のお浸し 106 26kcal

D
C
B
A

3 たたみイワシ献立

353kcal

Ⓐたたみイワシ Ⓑ五目きんぴら Ⓒアスパラガスとトマトのサラダ Ⓓ胚芽精米ご飯

副菜の『五目きんぴら』はごぼうやれんこんなどの根菜類が豊富で、日本人に不足がちと言われる食物繊維をたっぷりとることができます。食物繊維には便秘解消はもちろん、コレステロールを下げたり、大腸がんを防ぐ効果もあります。

■材料（2人分）■

たたみイワシ

たたみイワシ……………20g

五目きんぴら

ごぼう……………………50g

れんこん…………………50g

にんじん…………………50g

しらたき…………………40g

油揚げ……………………10g

白いりごま…………………2g

しょうゆ………………大さじ½

みりん…………………大さじ½

だし………………………½カップ

サラダ油………………小さじ1

アスパラガスとトマトのサラダ

アスパラガスの缶詰……80g

トマト ………小1個（100g）

パセリ……………………少量

ハーフカロリーマヨネーズ 大さじ⅓

胚芽精米ご飯 …………220g

作り方

たたみイワシ

❶たたみイワシは、充分に熱した焼き網にのせ、強火でのりをあぶるように何度か裏返しながら焼く。

❷①を熱いうちに食べやすい大きさに割る。

★少し焦げ目がつくくらいまで焼きます。

五目きんぴら

❶にんじんは5㎜厚さの斜め薄切りにする。ごぼうは5㎜厚さの斜め薄切りにし、水にさらす。れんこんは5㎜厚さの輪切りか半月切りにし、水にさらす。

❷しらたきはゆでて、食べやすく切る。油揚げは熱湯をまわしかけて油抜きをしてからせん切りにする。

❸なべに油を熱し、ごぼう、にんじん、れんこん、しらたき、油揚げを入れていためる。全体に油がまわったら、だしとしょうゆ、みりんを加えて煮立て、野菜が柔らかくなり、汁けがほとんどなくなるまで弱火でじっくりと煮る。

❹仕上げに白いりごまをふってさっと混ぜ合わせる。

★野菜を切るときは、なるべく大きさや厚さをそろえ、熱が均等にまわるようにするとおいしく仕上がります。

アスパラガスとトマトのサラダ

❶アスパラガスは汁けをよくきり、5㎝長さに切る。トマトはへたを取り、食べやすい大きさに切る。

❷器にアスパラガス、トマト、パセリを盛りつけ、ハーフカロリーマヨネーズを添える。

★ハーフカロリーマヨネーズがない場合は、普通のマヨネーズを牛乳やプレーンヨーグルトでのばしたものを使えば、低エネルギーにおさえられます。

■応用献立例の3パターン■　主食＝胚芽精米ご飯110g・184kcal

	主菜	副菜①	副菜②	
Ⅰ 342kcal	たたみイワシ 14 37kcal	さつま揚げと青梗菜の煮物 31 88kcal	アスパラガスとトマトのサラダ 14 33kcal	
Ⅱ 354kcal	かまぼこの刺し身 20 38kcal	五目きんぴら 14 99kcal	アスパラガスとトマトのサラダ 14 33kcal	
Ⅲ 368kcal	焼きエビ 46 52kcal	五目きんぴら 14 99kcal	アスパラガスとトマトのサラダ 14 33kcal	

C
D
B
A

4

ツナおろし献立 ……… 288kcal

ⒶツナおろしⒷ青梗菜となめこのさっと煮Ⓒもやしとキャベツのみそ汁Ⓓ胚芽精米ご飯

主菜で使用するツナ缶は、ノンオイルタイプをはじめ、油分½、塩分控えめなど、最近いろいろな種類が売られています。賢く選んで、じょうずに利用しましょう。

■材料(2人分)■

ツナおろし
- ツナの水煮缶詰 …………100g
- 大根おろし …………100g
- 貝割れ菜…………20g
- しょうゆ…………小さじ2

青梗菜となめこのさっと煮
- 青梗菜 …………160g
- なめこ…………40g
- しょうゆ…………小さじ2
- だし…………½カップ
- みりん…………小さじ1

もやしとキャベツのみそ汁
- もやし…………60g
- キャベツ…………60g
- だし…………2½カップ
- みそ…………大さじ1

胚芽精米ご飯 …………220g

作り方

ツナおろし

❶ツナ缶は汁けをきり、粗くほぐす。

❷大根は皮をむき、おろし金ですりおろして軽く水けをきる。貝割れ菜は根元を切り落とし、半分の長さに切る。

❸ツナと大根おろし、貝割れ菜を混ぜ合わせて器に盛り、しょうゆをかける。

★大根おろしは、作ってから時間がたつにつれてビタミンCがどんどん減っていきます（20分で20％減）。できるだけ食べる直前におろし、栄養素の損失を最小限にしましょう。

青梗菜となめこのさっと煮

❶青梗菜は塩少量（分量外）を加えた熱湯でゆで、水にとる。軽く水けを絞り、3～4㎝長さに切る。

❷なめこはざるにあげてさっとふり洗いする。

❸なべにだしとしょうゆ、みりんを入れて火にかけ、煮立ったら青梗菜となめこを加える。汁けがほとんどなくなるように、少し強めの火でさっと煮上げる。

★青梗菜の代わりに、小松菜や春菊、ほうれん草などの青菜にしても合います。また、なめこもほかのきのこ類で代用することが可能です。

もやしとキャベツのみそ汁

❶キャベツは芯を除き、色紙切りにする。

❷なべにだしを入れて火にかけ、煮立ったらもやしとキャベツを加えて煮る。野菜に火が通ったら、みそを溶き入れてひと煮し、火を止める。

★キャベツの外葉にはビタミンCがたくさん含まれています（全体平均の126％）。苦味があるうえ、堅い部分なのでつい捨ててしまいますが、火を通せば柔らかくなるので、捨てずに使いましょう。

■応用献立例の3パターン■　主食＝胚芽精米ご飯110g・184kcal

	主菜	副菜①	副菜②	汁物
Ⅰ 326kcal	ツナおろし 16 51kcal	れんこんのきんぴら 114 65kcal	ほうれん草のお浸し 106 26kcal	
Ⅱ 291kcal	ツナおろし 16 51kcal	青梗菜となめこのさっと煮 16 22kcal		コーンわかめ汁 86 34kcal
Ⅲ 308kcal	焼きエビ 46 52kcal	青梗菜となめこのさっと煮 16 22kcal	冷やしトマト 90 19kcal	もやしとキャベツのみそ汁 16 31kcal

B
A
C
D

5 はんぺんのチーズ焼き献立……438kcal

Ⓐはんぺんのチーズ焼きⒷオクラたたきⒸ切り干し大根の煮物Ⓓ胚芽精米ご飯

オーブントースターの利用で時間を短縮。はんぺんを焼いている間にほかの作業ができます。

作り方

はんぺんのチーズ焼き

❶はんぺんは三角形に切り、いちばん長い辺の切り口に切り目を入れる。

❷スライスチーズは半分に切り、三角形を4枚作る。

❸貝割れ菜は根を切り落とす。

❹はんぺんの切り目にスライスチーズを1枚ずつはさみ、オーブントースターで3～4分、チーズが溶けて表面にきつね色の焦げ目がつくまで焼く。

❺器に盛り、貝割れ菜を添える。

★はんぺんとチーズの焼けた香ばしさでいただきます。しょうゆはかけずに、もしなにか必要なら、レモン汁をかけます。

オクラたたき

❶オクラはへたを取り、塩をまぶしてもんで表面のうぶ毛をこすり取る。熱湯でさっとゆでて水にとり、薄い小口切りにする。

❷みょうがは小口切りにする。

❸オクラ、みょうが、削りガツオ、しょうゆを混ぜ合わせる。

切り干し大根の煮物

❶切り干し大根は洗って汚れを取り、たっぷりの水に15分くらいつけてもどし、水けを絞る。

❷さつま揚げはざるにあげて熱湯をまわしかけて油抜きをし、薄切りにする。にんじんは4cm長さの拍子木切りにする。

❸なべにだしを煮立て、切り干し大根、さつま揚げ、にんじん、砂糖、しょうゆを入れて汁けがなくなるまで煮る。

★切り干し大根には食物繊維、カルシウムが豊富に含まれています。もどし汁もだしに加えるなどして、むだなく使います。

■材料（2人分）■

はんぺんのチーズ焼き

はんぺん……小2枚（160g）
スライスチーズ…1枚（20g）
貝割れ菜……………………10g

オクラたたき

{オクラ………12本（120g）
{塩………………………………少量
みょうが…………2個（20g）
削りガツオ………………………2g
しょうゆ…………………大さじ½

切り干し大根の煮物

切り干し大根……………20g
さつま揚げ…………………80g
にんじん……………………40g
砂糖…………………………大さじ1
しょうゆ……………………大さじ1
だし………………………………1カップ

胚芽精米ご飯……220g

材料選びのポイント②

豚肉・牛肉

豚肉と牛肉はともに部位によってエネルギーに差があります。脂肪が少なくて理想的なのはもも肉とヒレ肉。薄切り肉などの見える脂身は除きます。勝手に肉の部位を変えるとエネルギーオーバーに。

■応用献立例の3パターン■　主食＝胚芽精米ご飯110g・184kcal

	主菜	副菜①	副菜②	果物
Ⅰ 428kcal	はんぺんのチーズ焼き 18 110kcal	きゅうりのみょうがかけ 81 24kcal	れんこんのきんぴら 114 65kcal	みかん（100g） 45kcal
Ⅱ 419kcal	はんぺんのチーズ焼き 18 110kcal	ほうれん草のお浸し 106 26kcal	五目きんぴら 14 99kcal	
Ⅲ 469kcal	しいたけ入り卵焼き 34 141kcal	オクラたたき 18 27kcal	切り干し大根の煮物 18 117kcal	

D
C
B
A

6 かまぼこの刺し身献立 ……406kcal

Ⓐかまぼこの刺し身Ⓑ豚肉と乾物の煮物ⒸあしたばのピーナッツバターあえⒹアサリのみそ汁Ⓔ胚芽精米ご飯

主菜が切るだけで簡単にできるので、副菜をいつもよりも1品多くしています。

作り方

かまぼこの刺し身

❶かまぼこは1cm厚さに切る。

❷皿にかまぼこと青じそを盛り合わせる。

豚肉と乾物の煮物

❶豚肉は2cm幅に切る。

❷かんぴょうは水洗いしてから2cm長さに切る。こんにゃくは3cm長さの拍子木切りにする。干ししいたけは水につけてもどして軸を除き、薄切りにする。

❸なべに油を熱し、①と②の材料を入れて2〜3分いためる。だしを加え、煮立ってきたらアクを除き、砂糖、塩、しょうゆを加え、汁けがほとんどなくなるまで弱火で煮る。

あしたばのピーナッツバターあえ

❶あしたばは茎の堅い部分を除き、塩少量（分量外）を加えた熱湯でさっとゆでて水にさらす。3〜4cm長さに切り、水けを絞る。

❷ボールにピーナッツバター、しょうゆ、砂糖を入れて混ぜ、水を加えて溶きのばし、あしたばを加えてあえる。

★あしたばは暖地の海浜に自生するセリ科の野草。強い香りとほろ苦さが特徴です。

アサリのみそ汁

❶アサリは、よく洗う。

❷なべにアサリと水2½カップを入れて火にかける。沸騰してアサリの口が開いたら、みそを溶き入れてひと煮し、火を止める。

❸椀に盛り、ねぎを散らす。

★アサリを砂抜きする場合には、海水程度の塩水（3％塩分）につけて2〜3時間おき、砂を吐かせます。

■材料（2人分）■

かまぼこの刺し身

かまぼこ……………………80g

青じそ……………2枚（2g）

豚肉と乾物の煮物

豚もも薄切り肉…………60g

かんぴょう（乾）…………10g

こんにゃく………⅓枚（80g）

干ししいたけ……………4g

しょうゆ……………………大さじ½

塩……………………………少量

砂糖………………………小さじ2

だし………………………1½カップ

サラダ油…………………小さじ1

あしたばのピーナッツバターあえ

あしたば ………………120g

ピーナッツバター…小さじ2

しょうゆ…………………小さじ2

砂糖………………………小さじ1

水…………………………少量

アサリのみそ汁

アサリ（砂抜きしたもの）

……殻つき200g（正味80g）

青ねぎ……………………4g

みそ………………………小さじ2

胚芽精米ご飯 …………220g

■応用献立例の3パターン■　主食＝胚芽精米ご飯110g・184kcal

	主菜	副菜①	副菜②	汁物
Ⅰ 354kcal	かまぼこの刺し身 20 38kcal	かぼちゃの煮物 86 83kcal	貝割れ菜のレモンじょうゆ 36 18kcal	もやしとキャベツのみそ汁 16 31kcal
Ⅱ 371kcal	かまぼこの刺し身 20 38kcal	五目きんぴら 14 99kcal	ほうれん草のお浸し 106 26kcal	アサリのみそ汁 20 24kcal
Ⅲ 405kcal	たたみイワシ 14 37kcal	豚肉と乾物の煮物 20 103kcal	あしたばのピーナッツバターあえ 20 57kcal	アサリのみそ汁 20 24kcal

E
D
C
B
A

7

チャンプルー献立 ……… 407kcal

Ⓐチャンプルー Ⓑかぶの漬物 Ⓒ湯葉と貝割れ菜のみそ汁 Ⓓ胚芽精米ご飯 Ⓔプルーンの紅茶煮

■材料（2人分）■

チャンプルー

- もめん豆腐 ……½丁（150g）
- もやし ……100g
- ピーマン……40g
- さつま揚げ……40g
- 塩……少量
- しょうゆ……大さじ1
- 酒……大さじ1
- サラダ油……小さじ1

かぶの漬物

- かぶ……80g
- 干し桜エビ……4g

湯葉と貝割れ菜のみそ汁

- 巻き湯葉……6g
- 貝割れ菜……10g
- だし……2½カップ
- みそ……大さじ1

胚芽精米ご飯 ……220g

プルーンの紅茶煮 120ページ参照

チャンプルーは沖縄の家庭料理で、豆腐を主材料としたいため物です。今回の野菜はもやしとピーマンだけですが、にら、キャベツ、にんじんなども合います。冷蔵庫にある残り野菜を活用してください。

作り方

チャンプルー

❶ピーマンは種を除いてせん切りにする。さつま揚げは熱湯をかけて油抜きをし、薄切りにする。豆腐は軽く水けをきり、3cm角に切る。

❷フライパンに油を熱し、もやし、ピーマン、さつま揚げを入れて強火でいためる。野菜に火が通ったら豆腐を加えていため合わせ、塩、しょうゆ、酒で調味する。

★強い火力で、材料を一気にいためるのがおいしく仕上げるコツです。

かぶの漬物

❶かぶは皮をむいて薄いいちょう切りにし、塩（分量外、3%塩分）を加えた濃いめの塩水につける。しんなりしたら、さっと洗って水けを絞る。

❷①のかぶを桜エビと混ぜて、しばらくおく。

★桜エビの味が、かぶになじんだころが食べごろです。

湯葉と貝割れ菜のみそ汁

❶貝割れ菜は根を切り落とし、半分の長さに切る。

❷なべにだしを煮立ててみそを溶き入れ、湯葉と貝割れ菜を加えて火を止める。

プルーンの紅茶煮

120ページを参照。

材料選びのポイント③

ひき肉

市販されているひき肉には、脂肪が混じっている白っぽいものとそうでないものがあります。かならず後者を選びます。薄切り肉やかたまり肉の脂を除いてフードプロセッサーでミンチにしても。ハンバーグなら、ほかの材料といっしょにフードプロセッサーにかければ簡単。包丁でたたけばまた違ったおいしさが。

■応用献立例の3パターン■　主食＝胚芽精米ご飯110g・184kcal

	主菜	副菜①	副菜②・デザート	汁物・果物
Ⅰ 417kcal	チャンプルー 22 119kcal	かぶの漬物 22 15kcal	切り昆布の煮物 116 39kcal	バナナ（70g） 60kcal
Ⅱ 420kcal	チャンプルー 22 119kcal	きゅうりもみ 38 8kcal	プルーンの紅茶煮 120 52kcal	じゃが芋とわかめのみそ汁 10 57kcal
Ⅲ 386kcal	えのきの卵とじ 58 150kcal	かぶの漬物 22 15kcal		湯葉と貝割れ菜のみそ汁 22 37kcal

E
D
C
B
A

8

肉豆腐献立……350kcal

Ⓐ肉豆腐Ⓑもやしと小松菜のお浸しⒸ五色漬けⒹ胚芽精米ご飯

豆・豆製品は良質のたんぱく質が多く、しかも低脂肪なのでエネルギーを制限していても1日1回はとりたいものです。豆腐を使った朝食向きの簡単な料理を紹介します。

作り方

肉豆腐

❶豚肉は一口大に切る。

❷豆腐は軽く水けをきり、大きめの角切りにする。しらたきはさっと熱湯に通してから食べやすく切る。ねぎは斜め切りにする。冷凍グリーンピースは熱湯でさっとゆでる。

❸なべにだしを煮立て、豚肉、しらたき、ねぎを入れて3～4分煮る。砂糖、しょうゆ、酒で調味し、豆腐を加えてさらに3～4分煮る。仕上げにグリーンピースを加える。

もやしと小松菜のお浸し

❶もやしはさっとゆでる。

❷小松菜は塩少量（分量外）を加えた熱湯でゆでて水にとる。水けを絞って4cm長さに切る。

❸もやしと小松菜をしょうゆとだしを合わせたものであえる。

★小松菜をゆでる熱湯は、もやしに使ったものを利用すれば水も時間も節約できます。

五色漬け

❶大根とにんじんは皮をむいて薄いいちょう切りにする。セロリは筋を取って小口切りにし、きゅうりは小口切りか半月切りにする。

❷大根、にんじん、セロリ、きゅうりを、濃いめの塩水（3％塩分）に3～4分つける。しんなりしたら、さっと水洗いして水けを絞り、しその実と混ぜ合わせる。

★「五色」とつくだけあって、彩りのきれいな漬物です。

■材料（2人分）■

肉豆腐

- 豚もも薄切り肉…………60g
- もめん豆腐……½丁（150g）
- しらたき………½玉（100g）
- ねぎ……………………40g
- 冷凍グリーンピース……20g
- 砂糖……………………大さじ1
- しょうゆ………………大さじ1
- 酒………………………大さじ1
- だし……………………1½カップ

もやしと小松菜のお浸し

- もやし…………………100g
- 小松菜…………………100g
- ｛しょうゆ……………小さじ2
- ｛だし…………………小さじ2

五色漬け

- 大根……………………40g
- にんじん………………20g
- セロリ…………………20g
- きゅうり………………20g
- しその実………………4g

胚芽精米ご飯…………220g

■応用献立例の3パターン■　主食＝胚芽精米ご飯110g・184kcal

	主菜	副菜①	副菜②	果物
Ⅰ 358kcal	肉豆腐 24 136kcal	オクラたたき 18 27kcal	五色漬け 24 11kcal	
Ⅱ 372kcal	肉豆腐 24 136kcal	ひじきとにんじんのあえ物 110 33kcal	冷やしトマト 90 19kcal	
Ⅲ 370kcal	油揚げのツナ詰め焼き 101 124kcal	もやしと小松菜のお浸し 24 19kcal	五色漬け 24 11kcal	りんご（60g） 32kcal

B
D
C
A

9 場菜《ターツアイ》とひき肉のいため物献立……359kcal

Ⓐ場菜とひき肉のいため物Ⓑごぼうの煮物Ⓒ白菜の削りガツオあえⒹ胚芽精米ご飯

主菜はボリュームのある中国野菜のいため物。緑黄色野菜は、1人1日120gが目安量とされていますので、この料理だけで1日に必要な分を摂取できることになります。

作り方

場菜とひき肉のいため物

❶場菜は根元を切ってよく洗い、ざく切りにする。しょうがはみじん切りにする。

❷フライパンに油を熱し、しょうがを入れていため、香りが出たらひき肉を加えていためる。ひき肉がパラパラになったら場菜の軸を加えていため、さらに葉を加え、しょうゆ、酒で調味する。

★中国野菜は強火で一気にいためると、シャキッとおいしく仕上がります。

ごぼうの煮物

❶ごぼうは皮をこそげ落とし、斜め薄切りにして水にさらす。

❷なべにだしとちりめんじゃこを入れて火にかけ、煮立ったらごぼうを加えて5～6分煮る。砂糖としょうゆで調味し、ごぼうが柔らかくなるまで煮る。

★煮汁が少なくなった場合には、だしを加えて補います。

白菜の削りガツオあえ

❶白菜漬けは太めのせん切りにし、水けを絞る。

❷白菜漬けを削りガツオとレモン汁であえる。

★市販の白菜漬けを使う場合には、なるべくうす味のものを選んでください。

■材料（2人分）■

場菜とひき肉のいため物

- 牛赤身ひき肉……60g
- 場菜……200g
- しょうが……½かけ（8g）
- しょうゆ……大さじ1
- 酒……大さじ1
- サラダ油……大さじ½弱（6g）

ごぼうの煮物

- ごぼう……160g
- ちりめんじゃこ……10g
- 砂糖……小さじ2
- しょうゆ……大さじ⅔
- だし……1½カップ

白菜の削りガツオあえ

- 白菜漬け……100g
- 削りガツオ……2g
- レモン汁……小さじ1

胚芽精米ご飯……220g

材料選びのポイント④
肉の加工品

加工品はエネルギー、塩分ともに高く、エネルギー制限をする間は要注意の食品です。でも手軽に使えるハムは利用したいもの。エネルギーの高いロースハム（1枚15g＝30kcal）は使わないで、もも肉の骨を抜いて作ったボンレスハム（1枚15g＝18kcal）を。特に脂肪の多い部位の加工品のベーコンはたった1枚（20g）で81kcalもあるのでなるべく使うのは避けたいもの。

■応用献立例の3パターン■　主食＝胚芽精米ご飯110g・184kcal

	主菜	副菜①	副菜②	果物・デザート
Ⅰ 383kcal	場菜とひき肉のいため物 26 90kcal	きのこと竹の子のいため煮 56 39kcal	貝割れ菜のレモンじょうゆ 36 18kcal	プルーンの紅茶煮 120 52kcal
Ⅱ 392kcal	場菜とひき肉のいため物 26 90kcal	こんにゃくのカレー煮 90 53kcal	白菜の削りガツオあえ 26 12kcal	キウイフルーツ（100g） 53kcal
Ⅲ 419kcal	えのきの卵とじ 58 150kcal	ごぼうの煮物 26 73kcal	白菜の削りガツオあえ 26 12kcal	

D
C
B
A

主菜にもなるスピード料理

素材の選び方をくふうして、低エネルギーでもボリュームのあるものにしています。

イカの南部焼き

95 kcal

「南部～」とはごまを使った料理のことです。

●材料（2人分）

イカの胴……180g
塩……少量
酒……大さじ1
白いりごま……5g
青じそ……2枚(2g)

●作り方

❶イカの胴は表面の皮をむき、焼いたときに丸まらないように格子状に竹串を4本打つ。
❷塩と酒を混ぜ合わせてイカの表面に塗り、白いりごまをふる。
❸イカをオーブントースターまたはグリルで4～5分、ごまに少し焦げ目がつくまで焼く。熱いうちに竹串を抜いて食べやすい大きさに切る。
❹皿に青じそを敷き、③のイカを盛る。

しめじとなすの卵とじ

85 kcal

みょうがの風味がアクセントに。

●材料（2人分）

しめじ……100g
なす……3個（240g）
みょうが……2個（20g）
卵……1個（50g）
だし……½カップ
しょうゆ……大さじ½
砂糖……小さじ1
酒……大さじ½

●作り方

❶しめじは石づきを除き、小房に分ける。なすは皮を縦にしま状にむいてから縦半分にし、斜め切りにして水にさらす。みょうがは斜め薄切りにする。

❷なべにだし、しょうゆ、砂糖、酒を煮立て、なすとしめじを入れて2～3分煮る。みょうがを加え、ひと煮立ちしたらときほぐした卵をまわし入れ、さっととじて火を止める。

マグロのおろしかけ

89 kcal

大根おろしでボリュームアップ。

●材料（2人分）

マグロ（赤身）……160g
大根……70g
しょうゆ……大さじ1
おろしわさび……少量

●作り方

❶マグロは2cm角に切る。

❷大根は皮をむいておろし金ですりおろし、軽く水けをきる。

❸マグロと大根おろしをさっと混ぜ合わせて皿に盛り、おろしわさびを添える。しょうゆをかけていただく。

ハマグリと白菜の小なべ仕立て

70 kcal

うす味のあっさりとしたなべ。

●材料（2人分）

- ハマグリ（砂抜きしたもの）……殻つき400g（正味120g）
- 干しエビ……8g
- 干ししいたけ……2枚（4g）
- ゆで竹の子……80g
- 白菜……250g
- 鶏ガラスープ（乾物のもどし汁を含む）……3カップ
- 塩……小さじ½〜⅔
- 酒……大さじ2

●作り方

❶干ししいたけはぬるま湯につけてもどし、軸を取って大きいものは半分に切る。
❷ハマグリはよく洗う。
❸白菜は軸の部分はそぎ切り、葉はざく切りにする。竹の子は薄切りにする。
❹土なべに白菜、干ししいたけ、干しエビ、竹の子を入れ、スープと酒を注いで火にかける。煮立ってきたら弱火にして約20分、白菜が柔らかくなるまで煮る。
❺④のなべにハマグリを加え、貝の口が開いたら塩で調味して火を止める。

カニじゃが

127 kcal

コチジャンがなければ豆板醤で。

●材料（2人分）

- じゃが芋……200g
- ワタリガニ……1匹（正味60g）
- にんにく……少量
- 青ねぎ……少量
- コチジャン（または豆板醤）小さじ1
- 砂糖……小さじ1
- しょうゆ……大さじ½
- ごま油……小さじ1

●作り方

❶ワタリガニはぶつ切りにする。
❷じゃが芋は皮をむき、4〜6つ割りにして水にさらす。にんにくはみじん切り、青ねぎは小口切りにする。
❸なべにごま油を熱し、にんにくを入れていためる。にんにくの香りが出たらワタリガニを加えてさらにいためる。
❹カニが赤くなったら、水1カップとじゃが芋を加えて煮る。煮立ってきたらアクを取り、コチジャン、砂糖、しょうゆで調味し、じゃが芋が柔らかくなるまで弱火で煮る。
❺器に盛り、青ねぎをふる。

さつま揚げと青梗菜の煮物

88 kcal

青梗菜を入れたら煮すぎないで。

●材料（2人分）

さつま揚げ……80g
青梗菜……150g
だし……1½カップ
しょうゆ……大さじ1
砂糖……大さじ1
酒……大さじ2

●作り方

❶さつま揚げは熱湯をまわしかけて油抜きをし、縦半分に切ってから1cm幅に切る。

❷青梗菜は縦半分に切り、塩少量（分量外）を加えた熱湯でゆでて水にとり、軽く水けを絞って3～4cm長さに切る。

❸なべにだしを煮立て、さつま揚げとしょうゆ、砂糖、酒を入れて2～3分煮る。青梗菜を加えてさっと煮、火を止める。

10

温泉卵のなめたけあんかけ献立……363kcal

Ⓐ温泉卵のなめたけあんかけⒷアスパラガスの焼き浸しⒸ野菜いためⒹ胚芽精米ご飯

野菜がバランスよくたっぷりとれる献立。主菜は温泉卵にひと手間加えるだけのおかずです。なめたけに味があるので、調味料は必要ありません。

■材料（2人分）■

温泉卵のなめたけあんかけ

- 卵 ……………………2個（100g）
- なめたけ（びん詰）………40g
- 貝割れ菜…………………20g
- なめこ……………………60g

アスパラガスの焼き浸し

- グリーンアスパラガス 150g
- ｛しょうゆ…………大さじ⅔
- ｛だし…………………大さじ4

野菜いため

- ボンレスハム……2枚（20g）
- キャベツ ………………100g
- もやし……………………60g
- にんじん…………………40g
- ピーマン…………………20g
- 塩……………………小さじ⅓
- こしょう…………………少量
- しょうゆ……………小さじ1
- サラダ油 ……大さじ½弱（6g）

胚芽精米ご飯 …………220g

作り方

温泉卵のなめたけあんかけ

❶温泉卵を作る。卵は冷蔵庫から出し、室温にしばらくおく。

❷厚手のなべに80度の塩湯（塩は分量外）をたっぷり用意する。①の卵をざるに入れ、なべに静かに入れ、ふたをしてそのまま25～30分おく。

❸貝割れ菜は根を切り落とし、適当な長さに切る。なめこはざるに入れてさっと洗う。

❹器に温泉卵を割り入れ、まわりに貝割れ菜となめこを盛りつけ、なめたけをかける。

❺食べるときに、卵と他の材料を混ぜ合わせる。

★温泉卵をつくるとき、数が少ない場合には、なべの代わりにふたつきのどんぶりを利用すれば簡単です。時間のないときは市販の温泉卵を利用してもかまいません。

アスパラガスの焼き浸し

❶アスパラガスは根元の堅い部分を数cm切り落としてから長さを半分に切る。

❷アスパラガスをよく熱した焼き網にのせ、ところどころに焦げ目がつくまで焼く。

❸バットにだしとしょうゆを混ぜ合わせ、そこに②のアスパラガスをつけてしばらくおき、味をなじませる。

★アスパラガスは、根元にもビタミン、食物繊維が含まれています。切り捨てるのはいちばん堅いところだけ。あとは皮をむいて使います。

野菜いため

❶ハムは一口大に切る。

❷キャベツは一口大のざく切りにする。にんじんは斜め薄切り、ピーマンはへたと種を取って乱切りにする。

❸フライパンに油を熱し、ハム、にんじん、ピーマン、キャベツ、もやしの順に入れていためる。全体に火が通ったら塩、こしょう、しょうゆで調味する。

■応用献立例の3パターン■　主食＝胚芽精米ご飯110g・184kcal

	主菜	副菜①	副菜②	汁物
Ⅰ 359kcal	温泉卵のなめたけあんかけ 32 91kcal	れんこんのきんぴら 114 65kcal	もやしと小松菜のお浸し 24 19kcal	
Ⅱ 374kcal	しめじとなすの卵とじ 29 85kcal	アスパラガスの焼き浸し 32 21kcal	野菜いため 32 67kcal	とろろ昆布汁 78 17kcal
Ⅲ 413kcal	しいたけ入り卵焼き 34 141kcal	アスパラガスの焼き浸し 32 21kcal	野菜いため 32 67kcal	

D
A
B
C

11 しいたけ入り卵焼き献立 ……392kcal

Ⓐしいたけ入り卵焼きⒷ野菜の七味あえⒸ大根ときゅうりの浅漬けⒹ胚芽精米ご飯

卵焼きに入れる具は、しいたけ以外は冷凍食品を使うので簡単です。彩りがよいのでお弁当に応用しても。

作り方

しいたけ入り卵焼き

❶冷凍ミックスベジタブルは熱湯でさっとゆでる。生しいたけは軸を取り、1cm角に切る。

❷ボールに卵を割りほぐし、砂糖、しょうゆ、塩で調味し、①を混ぜ合わせる。

❸卵焼き器またはフライパンにごく薄く油を熱し、②の卵液の半量を流し入れる。半熟状になったら、端から巻いて卵焼き器の片側に寄せる。あいたところに残りの卵液を流し入れ、半熟状になったら同じように巻き、弱火でじっくりと中まで火を通すように焼く。

❹③を食べやすく切って皿に盛り、彩りにプチトマトを添える。

野菜の七味あえ

❶ほうれん草は塩少量(分量外)を加えた熱湯でゆでて水にとり、軽く水けを絞って3～4cm長さに切る。もやしは熱湯でさっとゆでる。

❷ねぎとにんにくはみじん切りにする。

❸ボールにねぎとにんにく、白ごま、ごま油、砂糖、塩、しょうゆ、七味とうがらしを入れて混ぜ合わせる。

❹③のボールに①のほうれん草ともやしを加え、混ぜ合わせる。

大根ときゅうりの浅漬け

❶大根は皮をむき、薄いいちょう切りにする。きゅうりは薄い輪切りにする。

❷濃いめの塩水(3%塩分)を作り、①を漬ける。

❸野菜がしんなりしたら水けを絞り、器に盛る。

■材料(2人分)■

しいたけ入り卵焼き

- 卵 ……………2個(100g)
- 冷凍ミックスベジタブル80g
- 生しいたけ……………20g
- 砂糖……………小さじ1
- しょうゆ……………小さじ1
- 塩……………ミニスプーン1
- サラダ油……………小さじ1
- プチトマト………2個(20g)

野菜の七味あえ

- ほうれん草 ……………100g
- もやし……………80g
- ねぎ……………10g
- にんにく………1かけ(5g)
- 白ごま……………4g
- ごま油……小さじ1弱(3g)
- 砂糖……………小さじ2/3
- 塩……………ミニスプーン1
- しょうゆ……………小さじ1
- 七味とうがらし………少量

大根ときゅうりの浅漬け

- 大根……………60g
- きゅうり……………20g

胚芽精米ご飯 …………220g

■応用献立例の3パターン■ 主食＝胚芽精米ご飯110g・184kcal

	主菜	副菜①	副菜②	
Ⅰ 375kcal	しいたけ入り卵焼き 34 141kcal	さやいんげんとじゃこの煮物 40 34kcal	三つ葉ののりあえ 66 16kcal	
Ⅱ 380kcal	しいたけ入り卵焼き 34 141kcal	ハムともやしのわさび漬けあえ 117 36kcal	冷やしトマト 90 19kcal	
Ⅲ 393kcal	豚肉の昆布巻き 59 142kcal	野菜の七味あえ 34 60kcal	大根ときゅうりの浅漬け 34 7kcal	

C
D
B
A

目玉焼き献立……395kcal

Ⓐ目玉焼きⒷひじきの煮物Ⓒ貝割れ菜のレモンじょうゆⒹ胚芽精米ご飯

朝食の卵料理の定番といえる『目玉焼き』。卵は、使う少し前に冷蔵庫から出して室温にもどしておくと、加熱時間が短くなります。副菜の煮物は、前の晩に煮ても。

作り方

目玉焼き

❶キャベツはせん切り、トマトはくし形に切る。

❷フライパンに油を熱し、卵を割り入れてふたをし、弱火で1～2分好みの堅さまで焼く。仕上げに塩、こしょうで調味する。

❸皿にキャベツとトマト、②の目玉焼きを盛り合わせる。

★つけ合わせの野菜には何もかけないで、卵の黄身をからめていただきます。

ひじきの煮物

❶ひじきはたっぷりの水に20分くらい浸してもどし、水けを絞る。にんじんは4cm長さのせん切りにする。油揚げは熱湯をまわしかけて油抜きをし、せん切りにする。

❷なべに油を熱し、ひじき、にんじん、油揚げを入れていためる。だし、しょうゆ、砂糖を加えて調味し、汁けがなくなるまでいり煮する。

★ひじきなどの海藻類にはミネラル、食物繊維が多く、できれば毎日とりたい食品です。多めに作って常備菜にしても。

貝割れ菜のレモンじょうゆ

❶貝割れ菜は根を切り落とし、ざるに入れて熱湯をまわしかけてしんなりさせる。

❷レモンの薄切りは適当な大きさに切る。

❸貝割れ菜とレモンを合わせ、レモン汁としょうゆであえる。

★冷蔵庫で忘れられがちな貝割れ菜をじょうずに利用した1品。

■材料（2人分）■

目玉焼き

- 卵……2個（100g）
- 塩……ミニスプーン2
- こしょう……少量
- サラダ油……小さじ1
- トマト……60g
- キャベツ……100g

ひじきの煮物

- ひじき（乾）……10g
- にんじん……20g
- 油揚げ……20g
- 砂糖……小さじ2
- しょうゆ……大さじ½
- だし……1カップ
- サラダ油……小さじ1

貝割れ菜のレモンじょうゆ

- 貝割れ菜……100g
- レモンの薄切り……1枚
- レモン汁……小さじ2
- しょうゆ……小さじ2

胚芽精米ご飯……220g

■応用献立例の3パターン■　主食＝胚芽精米ご飯110g・184kcal

	主菜	副菜①	副菜②	汁物
Ⅰ 401kcal	目玉焼き 36 111kcal	大根と桜エビのいため煮 59 88kcal	貝割れ菜のレモンじょうゆ 36 18kcal	
Ⅱ 370kcal	目玉焼き 36 111kcal		貝割れ菜のレモンじょうゆ 36 18kcal	じゃが芋とわかめのみそ汁 10 57kcal
Ⅲ 410kcal	イカの南部焼き 28 95kcal	ひじきの煮物 36 82kcal	貝割れ菜のレモンじょうゆ 36 18kcal	もやしとキャベツのみそ汁 16 31kcal

C
D
B
A

13 凍り豆腐とにらの卵とじ献立 ……344kcal

Ⓐ凍り豆腐とにらの卵とじⒷ蒸しなすのしょうがじょうゆⒸきゅうりもみⒹ胚芽精米ご飯

主菜、副菜とも油をいっさい使わず、あっさりとうす味に仕上げたヘルシーな献立です。前の晩に揚げ物などを食べたときにどうぞ。

作り方

凍り豆腐とにらの卵とじ

❶凍り豆腐はぬるま湯につけて落としぶたをし、10～15分おいてもどす。芯がなくなったら押し洗いし、水けを絞って色紙切りにする。

❷にらは4㎝長さに切り、玉ねぎは薄切りにする。

❸なべにだしと砂糖、しょうゆ、酒を入れて火にかけ、玉ねぎと凍り豆腐を入れて煮る。3～4分煮たら、にらを加えて汁が少し残るくらいまで煮る。

❹卵をときほぐし、③のなべに流し入れる。箸を使って卵をとじ、ふたをして20～30秒、卵が少し固まるまで煮て火を止める。

★最近、市販の凍り豆腐には、もどさずにそのまま煮るタイプが増えています。商品の表示を参考にして使用してください。

蒸しなすのしょうがじょうゆ

❶なすはへたを取ってよく洗い、水滴がついたまま一個ずつラップに包み、電子レンジで2～3分加熱する。すぐにラップをはずして冷まし、食べやすい大きさに切る。

❷しょうがは皮をむいてすりおろす。

❸器になすを盛り、すりおろしたしょうがをのせ、しょうゆをかける。

★電子レンジを利用すれば、蒸しなすも簡単に早く、しかも色鮮やかに仕上がります。

きゅうりもみ

❶きゅうりは薄い小口切りにし、濃いめの塩水（3％塩分）に3～4分つける。しんなりしたら水けを絞り、さっと洗ってもう一度絞る。

❷みょうがは斜め薄切りにする。

❸きゅうりとみょうがを混ぜ合わせ、器に盛る。

★材料を切るだけ、調味料も塩以外は使わないシンプルな料理。みょうがのほろ苦さがきゅうりとよく合います。

■材料（2人分）■

凍り豆腐とにらの卵とじ

- 凍り豆腐……20g
- にら……100g
- 玉ねぎ……60g
- 卵……1個（50g）
- 砂糖……小さじ2
- しょうゆ……大さじ1
- 酒……大さじ1
- だし……1½カップ

蒸しなすのしょうがじょうゆ

- なす……2個（160g）
- しょうゆ……大さじ½
- しょうが……10g

きゅうりもみ

- きゅうり……1本（100g）
- みょうが……2個（20g）

胚芽精米ご飯……220g

■応用献立例の3パターン■　主食＝胚芽精米ご飯110g・184kcal

	主菜	副菜①	副菜②	果物
Ⅰ 367kcal	凍り豆腐とにらの卵とじ 38 130kcal	たたききゅうり 42 42kcal	かぶのゆかりあえ 40 11kcal	
Ⅱ 367kcal	凍り豆腐とにらの卵とじ 38 130kcal	さやいんげんとじゃこの煮物 40 34kcal	冷やしトマト 90 19kcal	
Ⅲ 361kcal	凍り豆腐とにらの卵とじ 38 130kcal	きゅうりのみょうがかけ 81 24kcal		パパイヤ（60g） 23kcal

D
C
B
A

14

卵とトマトのいため物献立……360kcal

Ⓐ卵とトマトのいため物Ⓑさやいんげんとじゃこの煮物Ⓒかぶのゆかりあえⓓ胚芽精米ご飯

■材料（2人分）■

卵とトマトのいため物

卵 ………………2個（100g）
トマト ………小2個（200g）
塩……………………小さじ⅔
こしょう…………………少量
サラダ油……………小さじ2

さやいんげんとじゃこの煮物

じゃこ…………………10g
さやいんげん …………100g
しょうゆ……………小さじ2
砂糖…………………小さじ1
だし…………………½カップ

かぶのゆかりあえ

かぶ ……………………100g
ゆかり……………………2g

胚芽精米ご飯 …………220g

おなじみのスクランブルエッグを応用したいため物。見た目も華やかで、食欲をそそります。主菜で油を使うので、副菜はあっさりとしたものにしています。

作り方

卵とトマトのいため物

❶トマトはへたを取り、くし形に切る。

❷卵はボールに割り入れ、よくほぐす。

❸フライパンに油をよく熱し、卵を流し入れる。箸を使って手早くかき混ぜ、大きめのいり卵を作る。

❹卵をフライパンの端に寄せ、あいたところにトマトを入れてさっといためる。塩、こしょうで調味し、卵と混ぜ合わせて火を止める。

★火加減は強火で、トマトを入れたら一気に仕上げます。トマトに酸味があるので、塩、こしょうは少し控えめにしたほうがおいしくできます。

さやいんげんとじゃこの煮物

❶さやいんげんは筋を取り、斜め切りにする。

❷なべにだしとじゃこを入れて火にかけ、煮立ったらさやいんげんと砂糖、しょうゆを加える。さやいんげんが柔らかくなり、汁けがなくなるまで弱火でじっくりと煮る。

★最近よく話題になっている骨粗しょう症。じゃこなどの小魚にはカルシウムが多く、この病気の予防には欠かせない食品の一つです。

★さやいんげんの代わりに小松菜やほうれん草などの青菜にしても合います。

かぶのゆかりあえ

❶かぶは皮をむき、縦に6～8つに割り、皮のあった側に切り目を入れる。

❷濃いめの塩水（3％塩分）にかぶをしばらく漬ける。しんなりしたら引き上げて、水けを軽く絞る。

❸②のかぶをゆかりであえて器に盛る。

★ゆかりの風味がかぶをおいしくします。かぶのほか、大根での応用も可能です。

■応用献立例の3パターン■　主食＝胚芽精米ご飯110g・184kcal

	主菜	副菜①	副菜②	汁物
Ⅰ 345kcal	卵とトマトのいため物 40 131kcal	ピーマンと昆布の煮物 50 18kcal	白菜の削りガツオあえ 26 12kcal	
Ⅱ 357kcal	卵とトマトのいため物 40 131kcal		かぶのゆかりあえ 40 11kcal	もやしとキャベツのみそ汁 16 31kcal
Ⅲ 340kcal	目玉焼き 36 111kcal	さやいんげんとじゃこの煮物 40 34kcal	かぶのゆかりあえ 40 11kcal	

D
B
C
A

15

卵雑炊献立

Ⓐ卵雑炊Ⓑたたききゅうりⓒパパイヤ

343kcal

「今日はあまり食欲がない」というときにおすすめの献立。雑炊なら水分が多く、胃にやさしいので食欲のないときにも食べられます。副菜のたたききゅうりも、梅の酸味がきいてさっぱりと食べやすくなっています。

作り方

卵雑炊

❶しめじは石づきを除き、小房に分ける。にんじんは4cm長さの短冊に切る。青じそはせん切りにして水にさらす。

❷もずくは包丁の刃を立てて、たたくように切る。

❸ご飯はざるに入れて洗い、かたまりをほぐす。

❹なべにだしを煮立て、酒、塩、しょうゆで調味し、しめじとにんじんを加えてさっと煮る。

❺④のなべにご飯を加え、ひと煮立ちしたらときほぐした卵を流し入れてとじ、火を止める。

❻器に盛り、もずくと青じそをのせる。

★塩蔵のもずくを利用する場合は、水につけて塩抜きしてから使います。

たたききゅうり

❶きゅうりは両端を切り落とし、すりこ木などで皮に数カ所ひびが入るぐらいたたき、一口大に切る。

❷ボールにごま、梅肉、みりん、水を入れ、よく混ぜ合わせる。

❸②のボールにきゅうりを加えてあえる。

★きゅうりをたたくものは、すりこ木のほか、めん棒やあきびんなどでも。

■材料(2人分)■

卵雑炊

- 卵 ……………2個(100g)
- 胚芽精米ご飯 ……………220g
- しめじ……………1パック(80g)
- にんじん……………30g
- もずく……………30g
- 青じそ……………4枚(4g)
- だし……………3カップ
- 酒……………大さじ1
- 塩……………ミニスプーン2
- しょうゆ……………小さじ2

たたききゅうり

- きゅうり ……………2本(200g)
- ごま……………小さじ2(6g)
- 梅肉……………20g
- みりん……………小さじ1
- 水……………少量

パパイヤ ……………120g

材料選びのポイント⑤
魚介類

魚は高たんぱくで低脂肪の生タラがいちばん。甘塩タラ、塩タラもありますが、塩分があって同じ量でもエネルギーが高いのでかならず生を選びます。尾頭つきで食べられるアジもおすすめ。小ぶりのものを選んでまるごと調理しましょう。エビや貝類など殻つきのものは料理にボリューム感が出て、しかも食べるのに時間がかかる一石二鳥の食品。

■応用献立例の3パターン■

	主食	副菜①	果物	
Ⅰ 329kcal	卵雑炊 42 278kcal	トマトと青じその和風サラダ 72 28kcal	パパイヤ（60g） 23kcal	
Ⅱ 346kcal	卵雑炊 42 278kcal	セロリのいため煮 79 45kcal	パパイヤ（60g） 23kcal	
Ⅲ 348kcal	すいとん 70 283kcal	たたききゅうり 42 42kcal	パパイヤ（60g） 23kcal	

C
B
A

Ⓐカジキのみそ柚庵焼きⒷキャベツの切りごまあえⒸかぶの甘酢漬けⒹ蒸しさつま芋Ⓔ胚芽精米ご飯

1 カジキのみそ柚庵焼き弁当……348kcal

カジキは赤身でヘルシーな魚。ほかにマグロの赤身やカツオ、サケでもおいしく作れます。前日にみそ床に漬けて準備すれば、朝は焼くだけ。かぶの甘酢漬けは多めに作っておけば2～3日冷蔵庫で保存できます。

作り方

カジキのみそ柚庵焼き

❶みそ、みりん、酒、しょうゆを混ぜ合わせ、みそ床を作る。

❷密封できる容器に①のみそ床を入れてカジキを漬け込み、冷蔵庫に入れて3時間以上おく。

❸カジキをとり出してみそをペーパータオル等でふき取り、焼き網かグリルで焼く。

❹青じそを敷いて③のカジキを盛りつける。カジキが大きい場合は、焼いてから詰めやすい大きさに切る。

★密封容器の代わりにビニール袋を使うとみそ床が少量ですみ、冷蔵庫の場所もとりません。

キャベツの切りごまあえ

❶キャベツは太めのせん切りにし、さっとゆでて水けを絞る。

❷ごまは包丁で軽く刻み、①のキャベツとあえ、香りづけにしょうゆを垂らして全体をあえる。

かぶの甘酢漬け

❶かぶは皮をむいて縦に4～6つ割りにし、塩水（1.5％塩分）にしばらくつけてしんなりさせる。

❷ボールに砂糖、酢、水、塩、赤とうがらしを入れて混ぜる。

❸②に水けを絞った①のかぶを入れて混ぜ、味がなじむまでしばらくおく。

蒸しさつま芋

さつま芋は皮つきのまま1㎝厚さの輪切りにして水にさらす。さつま芋の水けをきってラップに包み、電子レンジで柔らかくなるまで1～2分加熱する。

■材料（1人分）■

カジキのみそ柚庵焼き

- カジキ…………1切れ（50g）
- 漬け床（みそ10：みりん1：酒1：しょうゆ2の割合で準備する）…………適量
- 青じそ…………1枚（1g）

キャベツの切りごまあえ

- キャベツ…………40g
- 白いりごま…………2g
- しょうゆ…………少量

かぶの甘酢漬け

- かぶ…………30g
- 甘酢
  - 砂糖…………小さじ⅓
  - 酢…………小さじ1弱
  - 水…………小さじ1
  - 塩…………少量
  - 赤とうがらしの小口切り…少量

蒸しさつま芋

- さつま芋…………50g

胚芽精米ご飯…………110g

■応用献立例の3パターン■　主食＝胚芽精米ご飯110g・184kcal

	主菜	副菜①	副菜②	副菜③
Ⅰ 361kcal	カジキのみそ柚庵焼き 44 71kcal	キャベツの切りごまあえ 44 17kcal		和風粉ふき芋 66 89kcal
Ⅱ 372kcal	イカの南部焼き 28 95kcal	キャベツの切りごまあえ 44 17kcal	かぶの甘酢漬け 44 10kcal	蒸しさつま芋 44 66kcal
Ⅲ 358kcal	レンジ蒸しささ身のみそ漬け 57 81kcal	キャベツの切りごまあえ 44 17kcal	かぶの甘酢漬け 44 10kcal	蒸しさつま芋 44 66kcal

E
D
C
B
A

2

Ⓐ鶏肉としめじの煮物Ⓑ焼きエビⒸキャベツの辛味漬けⒹゆで野菜Ⓔ胚芽精米ご飯

鶏肉としめじの煮物弁当……364kcal

殻つきのまま焼いたエビをレモンと交互に並べて詰めると、食べるときにレモンの風味がついておいしく食べられます。ゆで野菜は塩ゆでしたときの塩味で食べます。調理がいらないプチトマトはお弁当の味方です。

作り方

鶏肉としめじの煮物

❶鶏肉は一口大に切る。

❷しめじは石づきを除いて食べやすく小房に分ける。三つ葉は2cm長さに切る。

❸なべにだしと砂糖、しょうゆを入れて煮立て、鶏肉としめじを入れて弱火にして煮る。

❹鶏肉に火が通ったら三つ葉を加え、さっと煮て火を止める。

焼きエビ

❶エビは背わたを取り、グリルまたは焼き網で殻に焦げ目がつき、中に火が通るまでこんがりと焼く。

❷①のエビをレモンと交互に並べて盛りつける。

キャベツの辛味漬け

❶キャベツは軸の部分を薄くそぎ落とし、さっとゆでて冷水にとり、水けを絞る。

❷ねぎとしょうがはせん切りにする。

❸①のキャベツを広げ、ねぎとしょうがを手前において芯にして巻き、軽くぎゅっと握って落ちつかせる。

❹食べやすく2～3cm幅に切り、切り口にしょうゆと酢、ごま油を少量ずつ垂らす。

★ねぎに加えてにんじんを3cm長さのせん切りにしたものを芯にして巻くと、彩りも歯ごたえもよくなります。

ゆで野菜

カリフラワーとブロッコリーはともに小房に分けて塩少量（分量外）を入れた沸騰湯でゆでる。

■材料（1人分）■

鶏肉としめじの煮物

- 鶏皮なし胸肉……50g
- しめじ……40g
- 三つ葉……20g
- だし……½カップ
- 砂糖……小さじ1
- しょうゆ……小さじ2

焼きエビ

- エビ……4尾（50g）
- レモンの輪切り……4枚

キャベツの辛味漬け

- キャベツ……50g
- ねぎ……2g
- しょうが……少量
- ごま油……小さじ¼
- しょうゆ……少量
- 酢……少量

ゆで野菜

- カリフラワー……30g
- ブロッコリー……30g
- プチトマト……1個（10g）

胚芽精米ご飯……110g

■応用献立例の3パターン■　主食＝胚芽精米ご飯110g・184kcal

	主菜	副菜①	副菜②	副菜③
Ⅰ 350kcal	鶏肉としめじの煮物 46 85kcal	かまぼこの刺し身 20 38kcal	キャベツの辛味漬け 46 22kcal	ゆで野菜 46 21kcal
Ⅱ 346kcal	鶏肉としめじの煮物 46 85kcal	いり卵 60 42kcal	ピーマンのお浸し 88 28kcal	ゆでアスパラ 48 7kcal
Ⅲ 345kcal	アサリとひじきの当座煮 56 66kcal	焼きエビ 46 52kcal	キャベツの辛味漬け 46 22kcal	ゆで野菜 46 21kcal

D
E
C
A
B

3

エビの卵つけ焼き弁当……390kcal

ⒶエビⒶの卵つけ焼きⒷこんにゃくとしめじの煮物ⒸゆでアスパラⒹプチトマトⒺ煮豆Ⓕ胚芽精米ご飯

エビに卵の衣をつけてボリュームアップします。煮豆は市販のものを使って。とりにくい豆類もお弁当にちょっと入れると、箸休めにもなってとりやすくなります。ただし市販品には砂糖が多く使われているので詰めすぎには注意。

作り方

エビの卵つけ焼き

❶エビは背わたを取り、尾を残して殻をむき、小麦粉を薄くまぶす。

❷卵をときほぐして塩を加え混ぜる。

❸フライパンに油を熱し、①のエビに②の卵をつけて並べ入れる。卵がかわいたら裏返してさっと焼き、再び②の卵をつけて同じようにして焼く。途中何回か②の卵をつけながらエビに火が通るまで焼く。

こんにゃくとしめじの煮物

❶こんにゃくは拍子木切りにしてゆでる。

❷しめじは石づきを除いて小房に分ける。

❸なべにだしとしょうゆ、みりんを入れて火にかけ、こんにゃくとしめじを入れて火を弱め、いりつけるように煮る。

❹③の汁けがほとんどなくなったら仕上げに削りガツオを加えてまぶす。

ゆでアスパラ

アスパラガスは堅い根元を切り落とし、長さの半分くらいまで皮をむいて塩少量（分量外）を入れた沸騰湯でゆで、食べやすい長さに切る。

■材料（1人分）■

エビの卵つけ焼き

- エビ…………3尾（40g）
- 小麦粉………………小さじ1
- 卵……………½個（25g）
- 塩………………………少量
- サラダ油……小さじ1弱（3g）

こんにゃくとしめじの煮物

- こんにゃく……………30g
- しめじ…………………30g
- だし…………………大さじ3
- しょうゆ……………小さじ1
- みりん………………小さじ1
- 削りガツオ………………1g

ゆでアスパラ

- グリーンアスパラガス…30g

プチトマト………2個（30g）

煮豆（市販）……………20g

胚芽精米ご飯…………110g

青のり……………………少量

材料選びのポイント⑥
豆・豆製品

豆・豆製品は1日1回は使いたいもの。植物性良質たんぱく質源の豆腐はヘルシーで主菜向き。料理や好みによってもめん、絹ごし、焼き豆腐を使い分けます。油で揚げた油揚げや生揚げはエネルギーが高いので使える量は少なめ。熱湯をかけて油抜きをしてから使います。豆は使いやすい水煮の缶詰が便利。肉や魚と合わせて主菜にしたり、野菜といっしょに副菜にしたり。お弁当にぴったりの煮豆は高エネルギーなので計って食べます。

■応用献立例の3パターン■ 主食＝胚芽精米ご飯110g青のり少量・184kcal

	主菜	副菜①	副菜②	副菜③
Ⅰ 383kcal	エビの卵つけ焼き 48 114kcal	青梗菜となめこのさっと煮 16 22kcal	ゆでアスパラ 7kcal 48 プチトマト(30g) 9kcal	煮豆（市販・20g） 47kcal
Ⅱ 384kcal	エビの卵つけ焼き 48 114kcal	春菊とえのきのあえ物 94 26kcal		鶏レバーとこんにゃくのみそ煮 54 60kcal
Ⅲ 417kcal	しいたけ入り卵焼き 34 141kcal	こんにゃくとしめじの煮物 48 29kcal	ゆでアスパラ 7kcal 48 プチトマト(30g) 9kcal	煮豆（市販・20g） 47kcal

B
F
C
E
D
A

4 ささ身のタラコ巻き弁当……327kcal

Ⓐささ身のタラコ巻きⒷにんじんの梅煮Ⓒピーマンと昆布の煮物ⒹゆでアスパラⒺ胚芽精米ご飯

お弁当の栄養バランスをよくするコツは、彩りをよくすること。なるべくいろいろな色の食品を詰めれば自然とバランスがとれてきます。ひと手間かけてにんじんを型抜きして見た目も美しく。これも食事を楽しくさせるコツ。

作り方

ささ身のタラコ巻き

❶ささ身は筋を除き、縦中央に厚みの半分まで包丁を入れ、そこから両側に切り離さないように包丁を入れ、一枚に開く（観音開き）。

❷タラコは薄皮を除く。

❸①のささ身を横長になるように置き、青じそを並べてタラコを青じそに塗り、手前からくるくると巻く。4等分になるように切り、切り口を上にしてようじに2個ずつ刺す。

❹天板に③を並べ、オーブントースターで火が通るまで4～5分焼く。

にんじんの梅煮

❶にんじんは皮をむいて1cm厚さの輪切りにし、好みで花形の抜き型で抜く。

❷なべににんじん、かぶるくらいの水、砂糖、種を除いてちぎった梅干しを入れて火にかけ、煮立ったら弱火にしてにんじんが柔らかくなるまで煮る。

ピーマンと昆布の煮物

❶切り昆布は水につけてもどし、長いものは食べやすく切る。

❷ピーマンは縦半分に切って種を除き、細く切る。

❸なべに昆布、ピーマン、しょうゆ、砂糖を入れて弱火にかけ、箸で混ぜながらいり煮にする。

ゆでアスパラ

アスパラガスは長さの半分くらいまで皮をむいて塩少量（分量外）を入れた沸騰湯でゆで、食べやすい長さに切る。

■材料（1人分）■

ささ身のタラコ巻き
鶏ささ身…………1本(50g)
タラコ………………………30g
青じそ……………2枚(2g)

にんじんの梅煮
にんじん…………………40g
梅干し……………………少量
砂糖…………………小さじ⅔

ピーマンと昆布の煮物
ピーマン…………………30g
切り昆布(乾)……………2g
しょうゆ……………小さじ1
砂糖…………………小さじ⅓

ゆでアスパラ
グリーンアスパラガス…30g

胚芽精米ご飯…………110g
もみのり…………………少量

材料選びのポイント⑦
魚介類の加工品

缶をあけてすぐ使える素材缶は利用価値大。その中でもツナの缶詰は大人にも子どもにも人気。最近ではヘルシー嗜好に乗って水煮缶の種類が増え、購入しやすくなりました。油漬け缶は約3倍のエネルギーです。

■応用献立例の3パターン■ 主食＝胚芽精米ご飯110gもみのり少量・184kcal

		主菜	副菜①	副菜②	副菜③
Ⅰ	331kcal	ささ身のタラコ巻き 50 95kcal	セロリのいため煮 79 45kcal		ゆでアスパラ 48 7kcal
Ⅱ	358kcal	ささ身のタラコ巻き 50 95kcal	こんにゃくのカレー煮 90 53kcal	ほうれん草のお浸し 106 26kcal	
Ⅲ	327kcal	イカの南部焼き 28 95kcal	にんじんの梅煮 50 23kcal	ピーマンと昆布の煮物 50 18kcal	ゆでアスパラ 48 7kcal

E
D
A
B
C

5

エビとまいたけのいため物弁当……451kcal

Ⓐエビとまいたけのいため物Ⓑきゅうりの昆布じめⒸ煮豆Ⓓプロセスチーズ Ⓔ胚芽精米ご飯Ⓕみかん

高たんぱくで低エネルギーのエビとローエネルギーのきのこをいため合わせるので、量は多いのにエネルギーは低め。きゅうりは昆布ではさんで一晩おき、昆布のうま味をつけます。ちょっともの足りないというときに重宝するのがチーズ。一口サイズのチーズを冷蔵庫に常備しておくと便利です。

作り方

エビとまいたけのいため物

❶エビは背わたを竹串で取り、殻を除く。

❷まいたけは石づきを除いて食べやすく裂く。

❸青梗菜は1枚ずつはがして塩少量（分量外）を入れた沸騰湯でゆで、斜め1㎝幅に切る。

❹フライパンに油を熱し、まずエビをいためる。エビが白っぽくなったらまいたけ、青梗菜の順に加えていため合わせ、塩、こしょう、しょうゆで調味する。

きゅうりの昆布じめ

❶きゅうりは横長に置き、端から斜めに細かい切り目を½～⅔の深さまで入れ、次にこの切り目を下にし、反対側にも同様に斜めの切り目を入れる（蛇腹切り）。

❷昆布はさっと水にくぐらせ、きゅうりをはさんでラップなどで包み、冷蔵庫に一晩おく。

❸きゅうりをとり出して食べやすい大きさに切る。

★蛇腹切りは味をよく含ませたいときに使う切り方。めんどうなら、5㎜厚さの輪切りにしても。

★昆布にはさむ代わりに、昆布茶少量をまぶしても。その場合、昆布茶の塩分に注意。

■材料（1人分）■

エビとまいたけのいため物

エビ……40g
まいたけ……40g
青梗菜……40g
塩……ミニスプーン1
こしょう……少量
しょうゆ……少量
サラダ油……小さじ1弱（3g）

きゅうりの昆布じめ

きゅうり……50g
昆布……10㎝

煮豆（市販）……30g

プロセスチーズ……20g

胚芽精米ご飯……110g
ゆかり……少量

みかん……1～2個（100g）

材料選びのポイント⑧

野菜

ビタミン源の野菜は全般にエネルギーが低いので重量で計算します。1日350gをとるのが目標。そのうち緑黄色野菜で120g、淡色野菜で230gをとります。でも、中には糖質の多い野菜もあります。かぼちゃ、れんこん、ごぼうがそれ。これだけで350gとるのはエネルギーオーバーになるので注意。緑黄色野菜はカロテンの吸収をよくするために油といっしょに。

■応用献立例の3パターン■ 主食＝胚芽精米ご飯110gゆかり少量・184kcal／果物＝みかん100g・45kcal

	主菜	副菜①	副菜②	副菜③
Ⅰ 434kcal	エビとまいたけのいため物 52 76kcal	きゅうりのカテージチーズあえ 60 39kcal	かぼちゃの煮物 86 83kcal	大根ときゅうりの浅漬け 34 7kcal
Ⅱ 436kcal	エビとまいたけのいため物 52 76kcal	キャベツの切りごまあえ 44 17kcal	鶏レバーとこんにゃくのみそ煮 54 60kcal	ゆで枝豆 92 54kcal
Ⅲ 456kcal	レンジ蒸しささ身のみそ漬け 57 81kcal	きゅうりの昆布じめ 52 7kcal	煮豆（市販・30g） 71kcal	プロセスチーズ（20g） 68kcal

F
B
D
A
C
E

6

カニしいたけシューマイ弁当……361kcal

ⒶカニしいたけシューマイⒷ鶏レバーとこんにゃくのみそ煮Ⓒゆでそら豆Ⓓ胚芽精米ご飯Ⓔぶどう

シューマイの皮の代わりにしいたけに具を詰めた変わりシューマイです。レバーはゆでこぼし、しょうがとみそで煮ると臭みがなくなり、苦手な人にも食べやすくなります。鉄分が豊富なので積極的にとりたい食品です。

作り方

カニしいたけシューマイ

❶カニは身をほぐし、卵白を加えて混ぜる。

❷しいたけは軸を除いて笠の内側にかたくり粉をふり、余分な粉を落とし、①のカニを1/3量ずつ詰めて耐熱容器に並べる。ラップをかけて電子レンジで火が通るまで3分加熱する。

❸青じそを敷き、②のシューマイを盛りつける。

鶏レバーとこんにゃくのみそ煮

❶こんにゃくは一口大に切り、下ゆでする。

❷鶏レバーは黄色の脂肪を除いてよく水洗いし、2~3回ゆでこぼして臭みをとる。

❸なべにこんにゃく、鶏レバー、しょうが、みそ、砂糖、酒を入れ、ひたひたになるまで水を加えて火にかける。煮立ったら弱火にしてレバーに火が通るまで煮る。

ゆでそら豆

そら豆は皮に包丁で切り込みを入れ、塩少量（分量外）を入れた沸騰湯でゆでる。

■材料（1人分）■

カニしいたけシューマイ

- ズワイガニ（ゆで）……50g
- かたくり粉…………小さじ1
- 卵白……………………5g

生しいたけ………3枚（30g）
青じそ……………2枚（2g）

鶏レバーとこんにゃくのみそ煮

鶏レバー…………………30g
こんにゃく………………30g
しょうがの薄切り…1～2枚
みそ…………………大さじ1/2
砂糖…………………小さじ2/3
酒……………………大さじ1

ゆでそら豆

そら豆皮つき50g（正味30g）

胚芽精米ご飯…………110g
ふりかけ（市販）…………少量

ぶどう……………………50g

材料選びのポイント⑨
乳・乳製品

牛乳はカルシウム源として1日1杯は飲みたいものです。ここでおすすめするのは脂肪の量を減らした低脂肪牛乳です。以前はこくがなくて飲み慣れないものでしたが、最近では味が重視されておいしくなっていたり、1人分のパック入りになっていたりして飲みやすくなっています。そのまま飲むのがいやならカフェオレやミルクティーにしたり、料理に活用したり。牛乳の代わりにヨーグルトをとってもかまいません。ヨーグルトにも低脂肪のものが出始めました。チーズももちろん砂糖は抜きで。チーズなら低脂肪のカテージチーズが食べやすくておすすめ。

■応用献立例の3パターン■ 主食＝胚芽精米ご飯110gふりかけ少量・184kcal／果物＝ぶどう50g・30kcal

	主菜	副菜①	副菜②	副菜③
Ⅰ 366kcal	カニしいたけシューマイ 54 55kcal	鶏レバーとこんにゃくのみそ煮 54 60kcal	ゆで野菜 46 21kcal	三つ葉ののりあえ 66 16kcal
Ⅱ 358kcal	焼きエビ 46 52kcal	鶏レバーとこんにゃくのみそ煮 54 60kcal	ゆでそら豆 54 32kcal	
Ⅲ 372kcal	かまぼこの刺し身 20 38kcal	鶏レバーとこんにゃくのみそ煮 54 60kcal		野菜の七味あえ 34 60kcal

A
D
C
E
B

お弁当に重宝な常備菜

2〜3日は保存がきくおかずです。まとめて何種類か作って保存しておけば、時間のないときに重宝します。

アサリとひじきの当座煮

66 kcal

アサリの缶汁も利用します。

●材料（2人分）

- アサリ水煮缶詰……40g
- ひじき(乾)……5g
- 豆腐……1/4丁(75g)
- しょうゆ……大さじ3/4
- 砂糖……小さじ1
- 酒……大さじ1
- しょうが汁……少量
- だし(アサリの缶汁含む)……1/2カップ

●作り方

❶ひじきはたっぷりの水につけてもどし、食べやすく切る。缶詰のアサリは身と汁に分ける。

❷豆腐は軽く重石をして水けをきる。

❸なべに豆腐を手でつぶしながら入れ、木べらでかき混ぜながら水分がとんでパラパラになるまでからいりする。

❹③のなべにアサリ、水けを絞ったひじき、だし、しょうゆ、砂糖、酒を入れ、汁けがほとんどなくなるまで弱火で煮る。仕上げにしょうが汁を落とす。

きのこと竹の子のいため煮

39 kcal

きのこをとり合わせて。

●材料（2人分）

- 生しいたけ……15g
- まいたけ……15g
- ゆで竹の子……50g
- サラダ油……小さじ1弱(3g)
- だし……1/2カップ
- しょうゆ……大さじ1/2
- 塩……少量
- 砂糖……小さじ1
- 酒……小さじ1

●作り方

❶しいたけは軸を除いて薄切りにする。まいたけは石づきを除き、小房に分ける。竹の子は薄切りにする。

❷なべに油を熱し、しいたけ、まいたけ、竹の子を入れていためる。だし、しょうゆ、塩、砂糖、酒を加え、汁けがなくなるまで煮る。

レンジ蒸しささ身のみそ漬け

81 kcal

肉に火を通してから漬け込んで。

●材料（2人分）

鶏ささ身……140g
酒……小さじ1
みそ床用
┌みそ……60g
│酒……(みその5%)小さじ½強
└みりん……(みその5%)小さじ½
サラダ菜……適量
プチトマト……2個(20g)

●作り方

❶鶏ささ身は筋を取り、耐熱皿にのせて酒をふりかけ、ラップをして電子レンジで1分半～2分加熱する。
❷ビニール袋にみそを入れ、酒とみりんを加えてよく混ぜ合わせ、みそ床を作る。
❸みそ床に①の肉を漬け込む。(3時間～一晩)
❹肉をみそ床から出し、まわりについたみそを取り除いて食べやすく切る。器に盛り、サラダ菜とプチトマトを添える。

豚肉と凍りこんにゃくの煮物

106 kcal

じっくりと味をしみ込ませます。

●材料（2人分）

豚もも薄切り肉……120g
こんにゃく……⅔枚(160g)
だし……⅔カップ
砂糖……大さじ1
しょうゆ……大さじ1
酒……大さじ2

●作り方

❶豚肉は一口大に切る。
❷こんにゃくは冷凍庫に一晩入れて凍らせる。解凍して薄切りにし、熱湯でさっとゆでる。
❸なべにだし、豚肉とこんにゃくを入れて煮立てる。アクを取り除いてから砂糖、しょうゆ、酒を加え、汁けがなくなるまで弱火で煮る。

えのきの卵とじ

150 kcal

たんぱく質もたっぷりとれます。

●材料（2人分）
- 鶏ささ身……100g
- えのきだけ……100g
- 三つ葉……20g
- きくらげ……少量
- ゆで竹の子……80g
- 卵……1個(50g)
- だし……2/3カップ
- しょうゆ……大さじ1/2
- 塩……小さじ1/2
- 砂糖……小さじ2
- みりん……大さじ1

●作り方

❶鶏ささ身は筋を取り、太めのせん切りにする。

❷えのきだけは石づきを除き、半分の長さに切る。三つ葉は3cm長さに切る。きくらげはたっぷりの水につけてもどし、石づきを除いて食べやすい大きさにちぎる。竹の子はせん切りにする。

❸なべにだしとしょうゆ、塩、砂糖、みりんを入れて火にかける。沸騰したら鶏肉、竹の子、きくらげ、えのきだけを加えてさっと煮る。

❹卵を割りほぐし、③のなべに流し入れてとじ、三つ葉を加えて火を止める。

大豆とじゃこの辛味あえ

85 kcal

ピリッと辛い豆板醤で献立に変化を。

●材料（2人分）
- 大豆水煮(缶詰)……70g
- 豆板醤……小さじ1/2
- しょうゆ……小さじ2
- ちりめんじゃこ……30g
- あさつき……少量

●作り方

❶大豆の水煮は汁けをきり、豆板醤としょうゆを加えてあえ、しばらくおいて味をなじませる。

❷ちりめんじゃこはよく熱したフライパンで油をひかずにカリッとするまでいる。

❸あさつきは小口切りにする。

❹①の大豆、②のちりめんじゃこ、あさつきを混ぜ合わせる。

豚肉の昆布巻き

142 kcal

昆布は早煮昆布を使用。かんぴょうは、最近のものは柔らかいので、下ゆでの必要はありません。

●材料（2人分）

豚もも薄切り肉……80g
昆布(15cm長さ)2〜3枚(30g)
かんぴょう……15g
しょうゆ……大さじ1½
砂糖……大さじ1
みりん……大さじ1
酒……大さじ2
水……1〜1½カップ

●作り方

❶昆布はさっと洗う。
❷昆布に豚肉をのせて巻き、中央をかんぴょうでしっかりとしばる。
❸なべにしょうゆ、砂糖、みりん、酒、水を入れて火にかける。煮立ったら②の昆布巻きを入れ、落としぶたをして昆布が柔らかくなるまで弱火で煮る。

大根と桜エビのいため煮

88 kcal

強めの火でさっと仕上げます。

●材料（2人分）

大根……160g
桜エビ……20g
砂糖……大さじ1
しょうゆ……小さじ2
酒……大さじ2
水……½カップ
サラダ油……小さじ1½

●作り方

❶大根は4cm長さの太めの短冊切りにする。
❷なべに油を熱し、大根、桜エビを入れていためる。砂糖、しょうゆ、酒と水を加え、大根が柔らかくなり、汁けがなくなるまでいり煮する。

7 鶏肉と野菜の煮しめ献立……400kcal

Ⓐ鶏肉と野菜の煮しめⒷいり卵ⒸきゅうりのカテージチーズあえⒹ胚芽精米ご飯Ⓔ冷凍フルーツ

煮しめの根菜やこんにゃくはかみごたえのある食品。ゆっくりかむことで少量でも満腹感が得られるのでエネルギーをおさえるのにぴったりです。いり卵は油を使わない方法で作ります。カテージチーズは脂肪が少なくヘルシー。

作り方

鶏肉と野菜の煮しめ

❶鶏肉は一口大に切る。

❷竹の子、にんじん、こんにゃくはそれぞれ同じ大きさの乱切りにする。こんにゃくは下ゆでする。ごぼうは皮をこそげ落とし、乱切りにして水につける。干ししいたけは水につけてもどし、軸を除く。さやえんどうは筋を取って塩少量（分量外）を入れた沸騰湯でさっとゆでる。

❸なべにだしを煮立て、鶏肉、竹の子、にんじん、こんにゃく、ごぼう、しいたけを入れ、再び煮立ったら弱火にし、3～4分煮る。

❹砂糖、しょうゆ、酒を加えて野菜が柔らかくなるまで煮、最後にさやえんどうを入れてさっと煮て火を止める。

いり卵

❶卵をときほぐし、砂糖、しょうゆを加え混ぜる。

❷小なべに①の卵を入れてごく弱火にかける。箸を3～4本まとめて持ってたえずかき混ぜながら、卵に火を通して好みの堅さのそぼろにする。

★湯せんにかけて作ると火の当たりが柔らかいので、ねっとりと仕上がります。

きゅうりのカテージチーズあえ

❶きゅうりは3㎜厚さの半月切りにする。

❷きゅうりとカテージチーズをあえる。

冷凍フルーツ

120ページを参照。

■材料（2人分）■

鶏肉と野菜の煮しめ

- 鶏皮なし胸肉……60g
- ゆで竹の子……80g
- にんじん……60g
- ごぼう……60g
- こんにゃく……80g
- 干ししいたけ…小4枚（4g）
- さやえんどう……10g
- だし……2カップ
- 砂糖……大さじ1⅓
- しょうゆ……大さじ2
- 酒……大さじ2

いり卵

- 卵……1個（50g）
- 砂糖……小さじ1
- しょうゆ……少量

きゅうりのカテージチーズあえ

- きゅうり……100g
- カテージチーズ……60g

胚芽精米ご飯……220g

冷凍フルーツ……120ページ参照

■応用献立例の3パターン■ 主食＝胚芽精米ご飯110g・184kcal

	主菜	副菜①	副菜②	汁物・デザート
Ⅰ 413kcal	鶏肉と野菜の煮しめ 60 107kcal	たたみイワシ 14 37kcal	あしたばのピーナッツバターあえ 20 57kcal	冷凍フルーツ 120 28kcal
Ⅱ 382kcal	鶏肉としめじの煮物 46 85kcal	いり卵 60 42kcal	きゅうりのカテージチーズあえ 60 39kcal	ほうれん草のすまし汁 108 32kcal
Ⅲ 420kcal	カニじゃが 30 127kcal	いり卵 60 42kcal	きゅうりのカテージチーズあえ 60 39kcal	冷凍フルーツ 120 28kcal

E
C
D
B
A

8

みそおでん献立

Ⓐみそおでん Ⓑ大根とカニ風味かまぼこの酢の物 Ⓒ胚芽精米ご飯 Ⓓメロン

399kcal

練りみそがこってり味なので、副菜にはさっぱり味の酢の物を合わせます。汁物は1日1回程度におさえたいもの。汁物の代わりがほしいときにはお茶などのノーエネルギーの飲み物を。

作り方

みそおでん

❶里芋は皮をむき、大きいものは半分に切り、柔らかくなるまでゆでる。

❷こんにゃくは三角形に切る。焼き豆腐は2等分する。

❸小なべにみそ、砂糖、酒、だしを入れて中火にかけ、木べらで混ぜながらとろっとするまで煮つめ、練りみそを作る。

❹なべに湯を沸かし、こんにゃく、里芋、焼き豆腐を入れて温める。

❺器に④の水けをきって盛り、練りみそをかける。

★練りみそにゆずの皮を少し加えると風味がよくなります。多めに作って冷蔵庫で保存できます。

★材料はこのほかに、柔らかくゆでた大根やじゃが芋、もめん豆腐が合います。

大根とカニ風味かまぼこの酢の物

❶大根、きゅうりはともに3cm長さの短冊切りにする。

❷わかめは水につけてもどし、食べやすい大きさに切る。

❸カニ風味かまぼこは食べやすいように細く裂く。

❹しょうゆ、砂糖、酢、だしを合わせて合わせ酢を作る。

❺④の合わせ酢で大根、きゅうり、わかめ、カニ風味かまぼこをあえる。

★大根の代わりにうどでもおいしくできます。うどは皮をむき、3cm長さの短冊に切ったら酢水につけてアク抜きし、水けをきってほかの材料とともに合わせ酢であえます。

■材料(2人分)■

みそおでん

- こんにゃく……200g
- 里芋……4個(100g)
- 焼き豆腐……120g
- 練りみそ
  - みそ……大さじ2
  - 砂糖……大さじ1
  - 酒……大さじ2
  - だし……1/3カップ

大根とカニ風味かまぼこの酢の物

- 大根……60g
- きゅうり……60g
- カニ風味かまぼこ……20g
- 干しわかめ……2g
- 合わせ酢
  - しょうゆ……小さじ2
  - 砂糖……小さじ1
  - 酢……小さじ2
  - だし……小さじ2

胚芽精米ご飯……220g

メロン……200g

■応用献立例の3パターン■ 主食＝胚芽精米ご飯110g・184kcal

	主菜	副菜①	副菜②・汁物	果物
Ⅰ 392kcal	みそおでん 62 141kcal	焼きしいたけとオレンジのあえ物 118 25kcal		メロン(100g) 42kcal
Ⅱ 405kcal	みそおでん 62 141kcal	ブロッコリーのからしあえ 92 34kcal	きのこのすまし汁 110 16kcal	グレープフルーツ(80g) 30kcal
Ⅲ 420kcal	豚肉の昆布巻き 59 142kcal	大根とカニ風味かまぼこの酢の物 62 32kcal	しめじのホイル焼き 88 20kcal	メロン(100g) 42kcal

D
B
C
A

9 豚肉の野菜巻き献立 ……………… 399kcal

Ⓐ豚肉の野菜巻きⒷ白菜の甘酢漬けⒸわかめのさっと煮Ⓓ胚芽精米ご飯

肉に細く切った野菜を巻いてボリュームアップ。切ったときの切り口もきれいです。ローエネルギーのわかめとしらたきの組み合わせで1品プラス。

作り方

豚肉の野菜巻き

❶にんじん、セロリは豚肉の幅に合わせて3㎝長さくらいの太めのせん切りにする。いんげんは3㎝長さくらいの斜め薄切りにし、それぞれさっとゆでる。

❷豚肉を1枚広げ、小麦粉を薄くふり、①の野菜¼量を端にのせて芯にして巻き、表面にも薄く小麦粉をまぶす。同じようにしてあと3つ作る。

❸フライパンに油を熱し、②を巻き終わりを下にして入れ、転がしながら表面に焼き色をつけ、しょうゆ、ケチャップ、酒、水を入れて弱火にし、汁けがほとんどなくなるまで煮る。

❹③を食べやすく半分に切って器に盛り、パセリを添える。

白菜の甘酢漬け

❶白菜は4～5㎝長さのせん切りにし、赤ピーマンは縦半分に切って種を除いて縦にせん切りにする。しょうが、ねぎはせん切りにする。

❷白菜に塩を加えて軽く混ぜ、しんなりしたらさっと洗って水けを絞る。

❸②の白菜、ピーマン、ねぎ、しょうがをボールに入れ、砂糖と塩、酢を加えて混ぜ、熱く熱したごま油をまわしかけてあえる。

わかめのさっと煮

❶わかめは水で洗って一口大に切る。しらたきは食べやすく切り、下ゆでする。

❷なべにだし、しょうゆ、しらたき、わかめ、シラスを入れて火にかけて煮立て、弱火にしてさっと煮る。

■材料(2人分)■

豚肉の野菜巻き

豚もも薄切り肉…4枚(120g)
にんじん……………………40g
セロリ………………………20g
さやいんげん………………40g
小麦粉……………………大さじ1
｛しょうゆ……………小さじ2
　ケチャップ…………大さじ½
　酒……………………大さじ1
　水……………………大さじ4
サラダ油……大さじ½弱(6g)
パセリ……………………少量

白菜の甘酢漬け

｛白菜 ……………………100g
　塩………………………少量
赤ピーマン…………………20g
しょうが…………………⅓かけ
ねぎ…………………………20g
｛砂糖……………………小さじ2
　塩…………………ミニスプーン1
　酢……………………大さじ1
ごま油………大さじ½弱(6g)

わかめのさっと煮

生わかめ……………………20g
シラス干し…………………10g
しらたき……………………60g
だし……………………大さじ4
しょうゆ………………小さじ2

胚芽精米ご飯 …………220g

■応用献立例の3パターン■　主食＝胚芽精米ご飯110g・184kcal

	主菜	副菜①	副菜②	
Ⅰ 424kcal	豚肉の野菜巻き 64 146kcal	白菜の甘酢漬け 64 56kcal	切り昆布と糸こんにゃくの煮物 12 38kcal	
Ⅱ 410kcal	豚肉の野菜巻き 64 146kcal	しめじのホイル焼き 88 20kcal	野菜の七味あえ 34 60kcal	
Ⅲ 413kcal	豚肉のしょうが焼き 94 160kcal	白菜の甘酢漬け 64 56kcal	わかめのさっと煮 64 13kcal	

A
B
C
D

10

焼きとり献立

Ⓐ焼きとりⒷ三つ葉ののりあえⒸ和風粉吹き芋Ⓓ胚芽精米ご飯

422kcal

店先で焼いている焼きとりのにおいに思わずそそられてしまいますが、がまん。皮つきで甘いたれがたっぷりついた焼きとりは高エネルギー。低脂肪の胸肉を使って、たれもあっさり味に。

■材料(2人分)■

焼きとり

鶏皮なし胸肉 …………160g
生しいたけ………4枚(60g)
ねぎ……………………………40g
{ しょうゆ……………大さじ1
{ みりん……………大さじ1⅓

三つ葉ののりあえ

根三つ葉 …………………100g
のり…………………………少量
{ しょうゆ……………小さじ2
{ だし…………………小さじ2

和風粉吹き芋

じゃが芋 …………………200g
だし…………………………1½カップ
砂糖…………………………小さじ2
塩……………………………ミニスプーン1
さやえんどう………………少量

胚芽精米ご飯 …………220g

作り方

焼きとり

❶鶏肉は一口大に切る。
❷しいたけは軸を除き、大きいものは半分に切る。ねぎは2～3cm長さに切る
❸しょうゆとみりんを合わせる。
❹竹串に鶏肉、ねぎ、しいたけを刺す。
❺④を焼き網かグリルで焼き、五分どおり火が通ったら、③のたれを塗って火が通るまで焼き、仕上げにたれを塗って皿に盛る。

三つ葉ののりあえ

❶三つ葉はゆでて水にとって水けを絞り、3～4cm長さに切る。
❷だしとしょうゆを合わせる。
❸三つ葉を②のだしじょうゆであえ、のりを加えてさっとあえる。

和風粉吹き芋

❶じゃが芋は皮をむいて4～6つに切り、水にさらして水けをきる。
❷さやえんどうは塩少量(分量外)を入れた沸騰湯でゆで、斜めに細く切る。
❸なべにじゃが芋、だし、塩、砂糖を入れて火にかけ、煮立ったら弱火にしてじゃが芋が柔らかくなるまで煮る。
❹煮汁を捨てて再び火にかけ、なべを揺すって粉を吹かせる。
❺器に④の粉吹き芋を盛ってさやえんどうを散らす。

材料選びのポイント⑩
海藻・きのこ・こんにゃく

どれも食物繊維の多いローエネルギー食品。たくさん食べてもエネルギーが少ないのでうれしい素材。そこでの落とし穴は調理するときに使う油や調味料です。エネルギーが高いうえ、たくさん食べようとするとそれに合わせて油や調味料の量も増やさないといけません。特にきのこは油を吸いやすいので、きちんと計量して油を使うこと。乾物のわかめやひじきは常備しておくといつでも使えて便利。

■応用献立例の3パターン■　主食＝胚芽精米ご飯110g・184kcal

	主菜	副菜①	副菜②	
Ⅰ 408kcal	焼きとり 66 133kcal	きゅうりもみ 38 8kcal	かぼちゃの煮物 86 83kcal	
Ⅱ 413kcal	焼きとり 66 133kcal	なすの丸煮 104 69kcal	オクラたたき 18 27kcal	
Ⅲ 456kcal	タコと大根の煮物 101 167kcal	三つ葉ののりあえ 66 16kcal	和風粉吹き芋 66 89kcal	

C
A
B
D

11

そばずし献立

Ⓐそばずし Ⓑわらびのお浸し

382kcal

■材料（2人分）■

そばずし

干しそば……………160g
卵……………1個（50g）
塩……………少量
砂糖……………小さじ1
三つ葉……………10g
生しいたけ……………60g
カニ風味かまぼこ……………40g
のり……………2枚（6g）
しょうゆ……………大さじ1½
だし……………大さじ2

わらびのお浸し

わらび（水煮）……………200g
しょうゆ……………小さじ2
だし……………小さじ2
削りガツオ……………2g

そばといえばざるそばですが、目先を変えてのり巻きにします。具もいっしょに巻くので、栄養のバランスもよくなります。つるつるっと一度に食べずに、よくかんで食べられます。野菜料理をつけましょう。

作り方

そばずし

❶そばは4つに分け、端をもめん糸で結んでゆでる。ざるにあげて水で洗い、端をそろえて水けをきる。

❷卵をときほぐし、塩、砂糖を加え混ぜて小なべに入れ、ごく弱火にかける。箸を3～4本持ち、たえず箸でかき混ぜながら火を通してそぼろ状にする。

❸三つ葉はさっとゆでる。しいたけは軸を除いて焼き網で焼き、薄く切る。

❹巻きすにのりを1枚敷き、半量のそばを糸で結んだ部分をのりから出してのせ、糸で結んだ部分を切り落として軽く広げる。三つ葉、しいたけ、カニ風味かまぼこをそばの上にのせ、のり巻きのように巻き、食べやすく切る。

❺だしとしょうゆを合わせて④に添え、つけながら食べる。

★だしじょうゆの代わりにポン酢、しょうゆだけでも。好みでわさびを添えても。

わらびのお浸し

❶わらびはざるにあげて熱湯をまわしかけ、水けをきって食べやすい長さに切る。

❷だしとしょうゆを合わせてわらびをあえる。

❸器に盛って削りガツオをのせる。

材料選びのポイント⑪
芋類

ビタミン、食物繊維豊富な芋類。しかも、じゃが芋のビタミンCはでんぷんに包まれていて熱にも強いという利点が。じゃが芋なら1日1個（100g）は食べたいものです。さつま芋なら⅓本（70g）くらいが目安。ふかし芋にしたり、甘味を生かしてデザートにもできます。市販のポテトサラダにはマヨネーズがたっぷり。芋の代わりにはならないので気をつけて。

■応用献立例の3パターン■

	主食	副菜①	副菜②	果物
Ⅰ 381kcal	そばずし 68 359kcal	青梗菜となめこのさっと煮 16 22kcal		
Ⅱ 458kcal	海鮮どん 80 336kcal	わらびのお浸し 68 23kcal	五目きんぴら 14 99kcal	
Ⅲ 413kcal	焼き飯風いためご飯 79 326kcal	わらびのお浸し 68 23kcal		マンゴー（100g） 64kcal

B
A

12

すいとん献立

Ⓐすいとん Ⓑ豆腐の和風サラダ Ⓒバナナ

398kcal

1品の中に肉と野菜の具がたくさん入ったすいとんは栄養バランスのとれた料理です。手早く、さっと作れます。小麦粉に加える水の加減ですいとんの歯ごたえが違ってきます。好みの堅さにしましょう。

■材料(2人分)■

すいとん

- { 小麦粉 ……… 1カップ(100g)
- { 水……………………¼カップ強
- 鶏皮なし胸肉……………60g
- エビ……………………40g
- 大根……………………80g
- ごぼう…………………60g
- 生しいたけ………………60g
- ねぎ……………………40g
- だし…………………… 3カップ
- しょうゆ……………大さじ1
- 塩……………………少量
- 酒……………………大さじ1
- 青ねぎの小口切り………少量

豆腐の和風サラダ

- 豆腐 ……………………100g
- 大根 ……………………100g
- にんじん…………………20g
- きゅうり…………………20g
- 貝割れ菜…………………少量
- 和風ノンオイルドレッシング(市販)……………大さじ2

バナナ ………………140g

作り方

すいとん

❶ボールに小麦粉を入れ、水を加えて手でこねる。

❷鶏肉は一口大に切る。

❸ねぎは1㎝幅に切り、しいたけは軸を除いて薄切りにし、大根は2～3㎜厚さのいちょう切りにする。ごぼうは2～3㎜厚さの輪切りにして水にさらしてから下ゆでする。

❹エビは竹串で背わたを除いて殻をむく。

❺なべにだしを煮立て、鶏肉、ねぎ、しいたけ、大根、ごぼう、エビを入れて弱火にし、野菜が柔らかくなるまで煮、しょうゆと塩、酒で調味する。

❻⑤に①を一口大にちぎりながら入れ、火が通るまで3～4分煮る。

❼器に盛り、青ねぎの小口切りを散らす。

★すいとんは分量の水を一度に加えずに、分量より少し少なめに加えてこねる。水分が足りないようなら水を少しずつ加え、耳たぶくらいの堅さにする。ゆるいようなら、小麦粉を少量加えて加減する。ただし、小麦粉を加えるとエネルギーが上がるので注意。

豆腐の和風サラダ

❶大根、にんじん、きゅうりはそれぞれ4㎝長さのせん切りにし、貝割れ菜は根を除く。

❷豆腐は1㎝角に切る。

❸器に大根、にんじん、きゅうりを敷いて豆腐を盛り、貝割れ菜を散らしてドレッシングをかける。

■応用献立例の3パターン■

	主食	副菜①	副菜②	果物
Ⅰ 384kcal	すいとん 70 283kcal	大豆とじゃこの辛味あえ 58 85kcal		オレンジ(40g) 16kcal
Ⅱ 384kcal	すいとん 70 283kcal	かぼちゃの煮物 86 83kcal	貝割れ菜のレモンじょうゆ 36 18kcal	
Ⅲ 439kcal	カニ豆腐どん 78 324kcal	豆腐の和風サラダ 70 55kcal		バナナ(70g) 60kcal

C
B
A

Ⓐ焼きうどんⒷトマトと青じその和風サラダⒸりんごのヨーグルトかけ

焼きうどん献立

353kcal

ゆでうどんは1袋約200gありますが、1人分を150gに減らし、その分をたくさんの具でカバーします。とりにくい乳製品はヨーグルトにして果物にかけるだけでデザートになります。

作り方

焼きうどん

❶豚肉は細く切る。

❷玉ねぎは薄切りにし、えのきだけは石づきを切り落としてほぐす。ピーマン(赤・緑)は縦半分に切って種を除き、縦にせん切りにする。

❸フライパンに油を熱し、玉ねぎと豚肉を入れていため、豚肉の色が変わったら、えのきとピーマン(赤・緑)を加えてさっといためる。うどんをほぐしながら加えていため合わせ、しょうゆ、塩、こしょう、酒で調味する。

❹器に盛って削りガツオをのせる。

トマトと青じその和風サラダ

❶トマトはくし形に切り、青じそはせん切りにする。

❷器にトマトを並べ、青じそ、シラスを盛り、ドレッシングをかける。

りんごのヨーグルトかけ

りんごは皮をむいてくし形に切り、器に盛ってヨーグルトをかける。

材料選びのポイント⑫
ご飯

エネルギーを減らすというとご飯を食べなければ簡単と思う人もいるかもしれませんが、これはまちがい。ご飯はたいせつな活動源です。ただし、ちょっと量を減らして1食110gに。これに合わせてご飯がちょうど盛れるような小ぶりで重量感のある茶碗に変えましょう。米はかみごたえのある胚芽精米に。女性の肌にいいビタミンB_1、B_2が含まれています。

■材料(2人分)■

焼きうどん

- ゆでうどん……300g
- 豚もも薄切り肉……60g
- えのきだけ……100g
- 玉ねぎ……60g
- ピーマン……30g
- 赤ピーマン……30g
- しょうゆ……大さじ1½
- 塩……小さじ½
- こしょう……少量
- 酒……大さじ2
- 削りガツオ……2g
- サラダ油……大さじ1弱(10g)

トマトと青じその和風サラダ

- トマト……200g
- 青じそ……4枚(4g)
- シラス干し……10g
- 和風ノンオイルドレッシング(市販)……大さじ1⅓

りんごのヨーグルトかけ

- りんご……60g
- 低脂肪ヨーグルト……100g

■応用献立例の3パターン■

	主食	副菜①	副菜②	デザート
Ⅰ 374kcal	焼きうどん 72 284kcal	ゆで野菜 46 21kcal	小松菜と油揚げの煮物 10 69kcal	
Ⅱ 405kcal	海鮮どん 80 336kcal	トマトと青じその和風サラダ 72 28kcal		りんごのヨーグルトかけ 72 41kcal
Ⅲ 395kcal	焼き飯風いためご飯 79 326kcal	トマトと青じその和風サラダ 72 28kcal		りんごのヨーグルトかけ 72 41kcal

B
C
A

14 Ⓐ二色そうめんⒷさつま芋の甘煮

二色そうめん献立

435kcal

ただの二色そうめんではありません。緑色のはこんにゃくのそうめんです。見た目でカバーするのもエネルギーをおさえるテクニックの一つです。

作り方

二色そうめん

❶錦糸卵を作る。フライパンに油を熱し、火を弱めてときほぐした卵を半量流し入れ、焦がさないように表面が乾燥するまで焼いたら、裏返してさっとかわく程度に焼いてとり出す。同じようにもう1枚焼いてとり出し、くるくると巻いて端から細く切る。

❷きゅうりは薄い輪切りにし、塩をふってもみ、しんなりしたら水で洗って水けを絞る。かまぼこは拍子木切りにする。

❸みょうがは斜めに薄く切り、青じそはせん切りにする。しょうがはすりおろす。

❹そうめんはたっぷりの沸騰湯でゆで、水洗いして水けをきる。

❺器に④のそうめんと水けをきったこんにゃくそうめん、①、②を盛り合わせ、つゆと③の薬味を添えていただく。

さつま芋の甘煮

❶さつま芋は皮つきのまま1.5cm厚さの輪切りにし、水にさらす。

❷なべに水けをきったさつま芋を入れ、かぶるくらいの水を加えて火にかける。煮立ったら弱火にして煮、さつま芋の色が変わったら、汁をひたひたになる程度まで捨てる。砂糖と塩を加えて芋が柔らかくなるまで煮る。

■材料（2人分）■

二色そうめん

そうめん……………100g
こんにゃくそうめん…200g
錦糸卵
- 卵……………1個
- サラダ油……………小さじ½
- きゅうり……………100g
- 塩……………少量

かまぼこ……………60g
めんつゆ（市販・ストレートタイプ）……………½カップ
薬味
- 青じそ……………6枚（6g）
- みょうが……………20g
- しょうが……………½かけ

さつま芋の甘煮

さつま芋……………160g
砂糖……………大さじ2
塩……………少量

材料選びのポイント⑬
めん類

主食になるめん類は量がカギに。ゆでうどん1袋（200g）、干しそば1束（100g）をそのまま食べると、つるつるっと入ってしまうのですぐにエネルギーオーバーに。目安はゆでうどん150g、干しそば80g、スパゲティ60g。その代わりに具をたっぷり使って量をカバーします。えのきだけや糸こんにゃくはめんにうまくまぎれてすぐれもの。ギョーザやシューマイの皮もうどんと同じ小麦粉製品。エネルギーがあることをお忘れなく。

■応用献立例の3パターン■

		主食	副菜①	副菜②	
Ⅰ	417kcal	二色そうめん 74 291kcal	わらびのお浸し 68 23kcal	豚肉と乾物の煮物 20 103kcal	
Ⅱ	397kcal	二色そうめん 74 291kcal	豚肉と凍りこんにゃくの煮物 57 106kcal		
Ⅲ	452kcal	にゅうめん 81 261kcal	さつま芋の甘煮 74 144kcal	くらげときゅうりのあえ物 117 47kcal	

B
A

15

タラコスパゲティ献立 ……408kcal

Ⓐタラコスパゲティ Ⓑコーンとレタスのサラダ Ⓒグレープフルーツ

スパゲティの量は1人分60g。少なくした分はローエネルギーのきのこで増やします。えのきだけは色が似ているのでちょっとごまかすのにはぴったり。

作り方

タラコスパゲティ

❶えのきだけとしめじは石づきを切り落とし、食べやすくほぐす。

❷タラコは薄皮を除く。

❸なべにたっぷりの湯を沸かし、塩少量（分量外）を入れ、スパゲティをゆでる。ゆで上がる直前にえのきとしめじを入れ、いっしょにざるにあげて水けをきる。

❹ボールにタラコを入れてほぐし、室温にもどしたバター、レモン汁を加えて混ぜ合わせ、ゆでたてのスパゲティとえのき、しめじを入れてあえ、こしょうをふる。

❺器に盛り、のりを散らす。

コーンとレタスのサラダ

❶コーンはざるにあげて汁けをきる。

❷レタスは一口大にちぎる。わかめは水につけてもどし、一口大に切る。

❸器にレタスとわかめ、コーンを盛り合わせ、ドレッシングをかける。

■材料（2人分）■

タラコスパゲティ

スパゲティ ……………120g
タラコ………………………80g
えのきだけ ……………100g
しめじ ……………………100g
バター…………………小さじ2
レモン汁……………大さじ½
こしょう……………………少量
刻みのり……………………少量

コーンとレタスのサラダ

コーンの缶詰……………80g
レタス………………………80g
干しわかめ…………………20g
和風ノンオイルドレッシング（市販）………………大さじ2

グレープフルーツ ……160g

材料選びのポイント⑭
油脂・砂糖

サラダ油やバターなど、油として1日にとれる量は10gです。小さじにすると2杯強。油にはカロテンの吸収をよくする働き、肌荒れの防止、腸のすべりをよくして便秘防止などのたいせつな役割があるので、まったく排除してしまうことはできません。使いすぎを防ぐにはかならず計量して使うこと。揚げ物をしたときの吸油率は材料の5～10％。材料が100gの場合、すでに油は5～10gということになります。食べていけないということはありませんが、1週間に1回程度にします。また、市販の総菜には見えない油がひそんでいるので危険。

料理の味つけやデザートの甘味に欠かせない砂糖。1日にとっていいのは10g、約大さじ1杯。コーヒーなどの飲み物に入れる習慣のある人は即中止に。

■応用献立例の3パターン■

	主食	副菜①	副菜②	果物
Ⅰ 420kcal	タラコスパゲティ 76 335kcal	豆腐の和風サラダ 70 55kcal		グレープフルーツ（80g） 30kcal
Ⅱ 397kcal	カニ豆腐どん 78 324kcal	コーンとレタスのサラダ 76 43kcal		グレープフルーツ（80g） 30kcal
Ⅲ 410kcal	にゅうめん 81 261kcal	コーンとレタスのサラダ 76 43kcal	エビとまいたけのいため物 52 76kcal	グレープフルーツ（80g） 30kcal

B
C
A

簡単どんぶり・一皿料理

一般に高エネルギーといわれるどんぶりものも、素材の選択や調理法にひとくふうすれば低エネルギーになります。

カニ豆腐どん

324 kcal

高たんぱくで低脂肪のどんぶり。

●材料（1人分）

胚芽精米ご飯……140g
ズワイガニ(ゆで)……30g
絹ごし豆腐……60g
三つ葉……10g
だし……1/4カップ
しょうゆ……小さじ2
みりん……小さじ1
かたくり粉……小さじ1

●作り方

❶ズワイガニは細かくほぐす。
❷豆腐は軽く水けをきり、4cm角に切る。三つ葉は1～2cm長さに切る。
❸なべにだし、しょうゆ、みりんを入れて火にかけ、煮立ったらズワイガニと豆腐を加える。ひと煮立ちしたら、三つ葉を加え、同量の水で溶いたかたくり粉を加えてとろみをつけて火を止める。
❹器にご飯を盛り、③をのせる。

とろろ昆布汁

17 kcal

材料を器に入れて湯を注ぐだけの簡単な汁物です。

●材料（1人分）

とろろ昆布……5g
削りガツオ……2g
青ねぎ……少量
しょうゆ……小さじ1
熱湯……2/3カップ

●作り方

❶青ねぎは小口切りにする。
❷器にとろろ昆布、削りガツオ、青ねぎ、しょうゆを入れ、熱湯を注いでかき混ぜる。

焼き飯風いためご飯

326 kcal

ご飯はいためないので、その分の油がカットできます。

●材料（1人分）

胚芽精米ご飯	140g
芝エビ(冷凍)	50g
しめじ	50g
生しいたけ	50g
ねぎ	10g
青じそ	3枚(3g)
酒	大さじ1
塩	ミニスプーン2
こしょう	少量
サラダ油	小さじ1弱(3g)
紅しょうが	少量

●作り方

❶エビはざるにあげて、熱湯をさっとかける。

❷しめじは石づきを除き、小房に分ける。しいたけは軸を取り、そぎ切りにする。ねぎと青じそはみじん切り、紅しょうがはせん切りにする。

❸フライパンに油を熱し、エビ、しめじ、しいたけ、ねぎを入れていためる。全体に火が通ったら、酒、塩、こしょうで調味する。

❹ボールにご飯、青じそ、③の具を入れてよく混ぜ合わせる。

❺皿に盛って紅しょうがをのせる。

セロリのいため煮

45 kcal

セロリのシャキッとした歯ごたえを楽しんで。

●材料（1人分）

セロリ	50g
赤とうがらし	少量
しょうゆ	小さじ1
みりん	小さじ1
だし	少量
ごま油	小さじ½

●作り方

❶セロリは筋を取り、薄切りにする。赤とうがらしは小口切りにする。

❷フライパンにごま油を熱し、赤とうがらしとセロリを入れていためる。セロリに火が通ったら、しょうゆ、みりん、だしを加えてさっといため合わせる。

海鮮どん

336 kcal

ご飯は酢飯にしても。

●材料（1人分）

- 胚芽精米ご飯……140g
- もみのり……少量
- 甘エビ……20g
- イカの刺し身……20g
- 白身魚の刺し身(タイ)……30g
- 貝割れ菜……少量
- 穂じそ……少量
- 練りわさび……少量
- しょうゆ……小さじ1

●作り方

❶甘エビは背わたを取り、尾の部分を残して殻をむく。イカ、白身魚は食べやすい大きさに切る。

❷貝割れ菜は根を切り落として半分の長さに切り、穂じそは茎から穂をしごく。

❸器にご飯を盛ってもみのりをふり、甘エビ、イカ、白身魚をのせ、貝割れ菜、穂じそ、わさび、あれば菊の花を添え、しょうゆをかけていただく。

トマトとサラダ菜の酢みそかけ

34 kcal

酢みそが堅い場合は、水を加えてのばします。

●材料（1人分）

- トマト……60g
- サラダ菜……30g
- ねぎ(白い部分)……少量
- 酢みそ(市販)……10g

●作り方

❶トマトはくし形切りまたは一口大に切る。サラダ菜は一口大にちぎる。ねぎは3㎝長さのせん切りにする。

❷器にトマトとサラダ菜、長ねぎを盛り、酢みそをかける。

にゅうめん

261 kcal

そうめんはあとで煮るので、堅めにゆでます。

●材料（1人分）

- そうめん……50g
- 鶏皮なし胸肉……40g
- 大根……50g
- にんじん……20g
- えのきだけ……60g
- さやえんどう……少量
- 青ねぎ……少量
- だし……1½カップ
- しょうゆ……小さじ2
- 塩……少量

●作り方

❶そうめんは堅めにゆでてざるにあげ、水洗いする。
❷鶏胸肉はせん切りにする。
❸だいこん、にんじんは3～4cm長さのせん切りにする。えのきは石づきを除き、小房に分ける。
❹さやえんどうは3～4cm長さのせん切りにし、さっとゆでる。
❺青ねぎは小口切りにする。
❻なべにだしを煮立て、肉と③の野菜を入れて煮る。野菜に火が通ったら、しょうゆと塩で調味し、①のそうめんを入れてさっと煮る。
❼器に盛り、④と⑤を散らす。

きゅうりのみょうがかけ

24 kcal

みょうがと青じその風味がきいたさわやかな一品。

●材料（1人分）

- きゅうり……100g
- みょうが……20g
- 青じそ……4枚（4g）
- ｛しょうゆ……大さじ½
- 　だし……大さじ½

●作り方

❶きゅうりはすりこ木などでたたき、5～6cm長さの棒状に切る。みょうがは斜め薄切り、青じそはせん切りにする。
❷皿にきゅうりを盛り、みょうがと青じそをのせ、しょうゆとだしを混ぜ合わせてかける。

1

和風ステーキ献立 ………… 431kcal

Ⓐ和風ステーキⒷ大根のカレー風味煮Ⓒ胚芽精米ご飯Ⓓオレンジ

牛肉は脂肪の少ないヒレの部分を使い、大根おろしでさっぱり和風味に。煮物もひと味変えてカレー味にすると、色も香りも食欲をそそります。

作り方

和風ステーキ

❶牛肉は塩、こしょうする。

❷さやいんげんは塩少量（分量外）を入れた沸騰湯でゆで、食べやすい長さに切る。大根はおろして軽く水けをきる。

❸フライパンに油を熱し、①の牛肉を盛りつけるときに表になるほうを下にして入れ、焼き色がついたら裏返し、好みの焼き加減に焼く。

❹皿に③の牛肉を盛り、青じそ、大根おろし、②のさやいんげん、レモンを添える。大根おろしにしょうゆをかけて。

★ヒレ肉は高価なので経済的にするにはもも肉を使います。脂身を除くことを忘れずに。

★牛肉は網焼きにしても。

大根のカレー風味煮

❶大根、にんじん、れんこんはそれぞれ大きめの乱切りにし、れんこんは水にさらす。

❷なべにだし、大根、にんじん、水けをきったれんこん、砂糖、塩、カレー粉を入れて火にかける。煮立ったら弱火にし、野菜が柔らかくなるまで15～20分煮る。

材料選びのポイント⑮ ドレッシング

健康嗜好でノンオイルドレッシングが数多く市販されています。種類が豊富なので和風、洋風、好みのものを選べます。油は入っていませんが塩分はあるのでかけすぎにはくれぐれも注意を。ここでは自分で作るノンオイルのドレッシングを紹介します。サラダのほかに肉や魚のソースにも。（分量は2人分）

和風ドレッシング（基本）

〔酢またはゆずの搾り汁など大さじ1／しょうゆ大さじ1／だし大さじ2〕好みで大根おろし、青じそのせん切り、練り梅、わさびなどを加えて。

洋風ドレッシング（基本）

〔酢（ワインビネガーなど）またはレモン汁大さじ1／ブイヨン大さじ1／塩小さじ1/4／こしょう少量〕好みで粒マスタード、生ハーブのみじん切り、粗く刻んだトマト、玉ねぎのみじん切り、にんにくのみじん切りなどを加えて。

■材料（2人分）■

和風ステーキ

- 牛ヒレ肉 ……2枚（160g）
- 塩……（牛肉の1%）小さじ1/3
- こしょう……………少量

サラダ油……小さじ1弱（3g）
さやいんげん …………100g
大根……………………80g
青じそ……………2枚（2g）
レモンの半月切り………2枚
しょうゆ……………小さじ2

大根のカレー風味煮

大根 ……………………200g
にんじん…………………60g
れんこん…………………80g
だし……………………2カップ
砂糖……………………大さじ1/2
カレー粉………………小さじ2
塩………………………小さじ2/3

胚芽精米ご飯 …………220g

オレンジ…………………80g

■応用献立例の3パターン■ 主食＝胚芽精米ご飯110g・184kcal

	主菜	副菜①	副菜②・汁物	果物
Ⅰ 467kcal	和風ステーキ 82 151kcal	りんごとれんこんのごまサラダ 84 106kcal	野菜スープ 84 26kcal	
Ⅱ 446kcal	和風ステーキ 82 151kcal	なすの丸煮 104 69kcal	ほうれん草のお浸し 106 26kcal	オレンジ（40g） 16kcal
Ⅲ 445kcal	豚肉の野菜巻き 64 146kcal	大根のカレー風味煮 82 80kcal	もやしと小松菜のお浸し 24 19kcal	オレンジ（40g） 16kcal

D
C
B
A

2

牛肉の赤ワイン漬け献立 …………442kcal

Ⓐ牛肉の赤ワイン漬けⒷりんごとれんこんのごまサラダⒸ野菜スープⒹ胚芽精米ご飯

洋風の献立のようですが、味つけの基本がしょうゆだったり、主材料がれんこんだったり、と隠れ和風献立。赤ワインがきいたおしゃれな一品ですが、牛肉をさっと焼いて漬けるだけの簡単料理。りんごのサクサク感とれんこんのシャキシャキ感を合わせた、歯ざわりのよいサラダをつけます。

作り方

牛肉の赤ワイン漬け

❶ブロッコリーは小房に分け、塩少量（分量外）を入れた沸騰湯でゆでる。

❷にんにくは薄切りにする。

❸ボールに赤ワイン、しょうゆ、にんにくを合わせる。

❹フライパンに油を熱し、牛肉を1枚ずつ広げて入れ、さっと両面を焼いて熱いうちに③に漬け、味がなじむまで30分以上おく。

❺器に④の牛肉の汁けをきって盛り、ブロッコリーとプチトマトを添える。

りんごとれんこんのごまサラダ

❶れんこんは皮をむいて2～3㎜厚さの輪切りにし、酢水につけてアクを取る。酢少量（分量外）を入れた沸騰湯で歯ごたえが残るようにさっとゆで、ざるにあげる。

❷りんごは芯を除いて食べやすく薄切りにし、塩水（0.5％塩分）につける。

❸ボールにマヨネーズ、牛乳、ごまを入れて混ぜ合わせ、れんこんとりんごをあえる。

❹器に盛り、パセリのみじん切りをふる。

野菜スープ

❶玉ねぎは薄切りにする。キャベツ、にんじんは3～4㎝長さの短冊切りにする。

❷なべに水2½カップと固形ブイヨンを入れて煮立て、玉ねぎ、キャベツ、にんじん、汁けをきったコーンを入れて弱火で煮る。野菜が柔らかくなったら、しょうゆ、こしょうで味を調える。

❸器に盛り、青ねぎの小口切りを散らす。

■材料(2人分)■

牛肉の赤ワイン漬け

牛もも薄切り肉 ………100g
- 赤ワイン…………大さじ1⅓
- しょうゆ……………小さじ2
- にんにく…………………½かけ

サラダ油……大さじ½弱(6g)
ブロッコリー …………100g
プチトマト………4個(40g)

りんごとれんこんのごまサラダ

りんご ……………………100g
れんこん …………………100g
- ハーフカロリーマヨネーズ ……………………大さじ1⅓
- 低脂肪牛乳………大さじ1⅓
- 白いりごま………………4g

パセリのみじん切り……少量

野菜スープ

玉ねぎ………………………20g
キャベツ……………………40g
にんじん……………………20g
コーンの缶詰………………20g
固形ブイヨン………………⅓個
しょうゆ……………………少量
こしょう……………………少量
青ねぎの小口切り…………少量

胚芽精米ご飯 …………220g

■応用献立例の3パターン■ 主食＝胚芽精米ご飯110g・184kcal

	主菜	副菜①	副菜②・果物	汁物
Ⅰ 414kcal	牛肉の赤ワイン漬け 84 126kcal	豆腐の和風サラダ 70 55kcal	パパイヤ(60g) 23kcal	野菜スープ 84 26kcal
Ⅱ 439kcal	牛肉の赤ワイン漬け 84 126kcal	冬瓜の煮物 94 66kcal	おかひじきのタラコいり 118 37kcal	野菜スープ 84 26kcal
Ⅲ 427kcal	牛肉の赤ワイン漬け 84 126kcal	かぼちゃの煮物 86 83kcal		コーンわかめ汁 86 34kcal

D
C
B
A

牛肉の冷しゃぶ献立 ……445kcal

Ⓐ牛肉の冷しゃぶⒷかぼちゃの煮物Ⓒコーンわかめ汁Ⓓ胚芽精米ご飯

しゃぶしゃぶは湯の中に肉の脂肪が溶け出るので、エネルギーを落とすのに適した調理方法です。いっしょに盛りつける野菜はゆでてかさを減らします。主菜があっさり味なので副菜には甘めの煮物を。

作り方

牛肉の冷しゃぶ

❶キャベツはリボン状に切り、にんじんは3～4㎝長さの短冊に切る。

❷大根はすりおろして軽く水けをきる。

❸なべに湯を沸かし、キャベツとにんじんを入れてさっとゆでて冷水にとり、水けを絞る。

❹③の沸騰湯に牛肉を1枚ずつさっとくぐらせて氷水にとって冷まし、水けをよくきる。

❺器に③のキャベツとにんじんを敷き、④の牛肉を盛り、青ねぎの小口切りを散らす。

❻②の大根おろしを別の器に盛り、レモン汁としょうゆをかけてたれにし、⑤をつけながらいただく。

★レモン汁としょうゆの代わりにポン酢でも。

かぼちゃの煮物

❶かぼちゃはわたと種を除き、食べやすい大きさに切って面とりをする。

❷なべにかぼちゃとかぶるくらいの水を入れて火にかける。煮立ったら弱火にして1～2分煮、ひたひたになる程度まで湯を捨てる。砂糖と塩を加え、かぼちゃが柔らかくなるまで煮含める。

コーンわかめ汁

❶わかめは水につけてもどし、一口大に切る。

❷なべにだし、クリームコーンを入れてよく混ぜて火にかける。煮立ったら塩としょうゆで調味し、水で溶いたかたくり粉でとろみをつけ、①のわかめを加えて火を止める。

■材料(2人分)■

牛肉の冷しゃぶ

- 牛ももしゃぶしゃぶ用肉……160g
- キャベツ……100g
- にんじん……20g
- 青ねぎの小口切り……5g
- 大根……60g
- レモン汁……大さじ1⅓
- しょうゆ……大さじ⅔

かぼちゃの煮物

- かぼちゃ……140g
- 砂糖……大さじ1
- 塩……少量

コーンわかめ汁

- クリームコーン缶詰……60g
- 干しわかめ……4g
- だし……2カップ
- 塩……少量
- しょうゆ……小さじ1
- かたくり粉……小さじ2
- 水……大さじ1⅓

胚芽精米ご飯……220g

材料選びのポイント⑯ マヨネーズ

マヨネーズの主材料は卵と油です。エネルギーが高いのは当然。最近は原料を変えてマヨネーズ風にした、マヨネーズ風調味料も登場。材料表ではハーフカロリーマヨネーズを使っていますが、もしなければ、普通のマヨネーズにヨーグルト、牛乳、レモン汁、酢を加えてのばし、塩少量で味を調えて使います。

■応用献立例の3パターン■

主食=胚芽精米ご飯110g・184kcal

	主菜	副菜①	副菜②	副菜③・汁物
Ⅰ 443kcal	牛肉の冷しゃぶ 86 144kcal	和風粉吹き芋 66 89kcal	ほうれん草のお浸し 106 26kcal	
Ⅱ 460kcal	牛肉の冷しゃぶ 86 144kcal	りんごとれんこんのごまサラダ 84 106kcal		野菜スープ 84 26kcal
Ⅲ 434kcal	カツオのたたき 103 133kcal	かぼちゃの煮物 86 83kcal		コーンわかめ汁 86 34kcal

C
B
D
A

4

和風ハンバーグ献立 ……445kcal

Ⓐ和風ハンバーグⒷしめじのホイル焼きⒸピーマンのお浸しⒹ胚芽精米ご飯Ⓔマンゴー

夕食の定番メニューのハンバーグもくふうしだいでエネルギーダウン。まずひき肉は鶏のささ身と豚の赤身に。そして玉ねぎは油でいためないで電子レンジで加熱。ソースもポン酢であっさりと。つけ合わせのしめじのホイル焼きもノンオイル。

作り方

和風ハンバーグ

❶玉ねぎはみじん切りにし、小さな耐熱容器に入れてラップをし、電子レンジで1分加熱して冷ます。

❷ボールに鶏と豚のひき肉、①の玉ねぎ、卵、パン粉、塩、こしょうを入れて粘りが出るまでよく混ぜ、2等分して小判形に形作る。

❸フライパンに油を熱して②を並べ入れ、焼き色がついたら裏返す。裏にも焼き色がついたら水大さじ3を入れてふたをし、弱火にして中に火が通るまで蒸し焼きにする。

❹皿に青じそを敷いて③のハンバーグを盛りつけ、ポン酢しょうゆをかける。

しめじのホイル焼き

❶しめじは石づきを除いて小房に分ける。

❷アルミ箔を15㎝角に切ったものを2枚用意し、しめじを半量ずつのせ、酒も半量ずつふってそれぞれ包む。オーブントースターで5〜6分焼く。

❸とり出して器に盛り、包みをあけて熱いうちにしょうゆをかけ、レモンを添える。レモンを搾っていただく。

ピーマンのお浸し

❶ピーマンは縦半分に切って種を除き、縦に細く切り、塩少量（分量外）を入れた沸騰湯でゆで、冷水にとる。

❷もやしはさっとゆでる。

❸ボールにしょうゆとだしを合わせ、水けをきったピーマンともやしをあえる。

調理テクニック①
電子レンジ

手早く、簡単に料理したいなら電子レンジを活用して。野菜をゆでる代わりに電子レンジでチン。栄養素の損失も少なくてすみます。いため物も同じ材料を使って油をまわしかけ、ラップをかけて加熱。油なしでもOK。乾物をもどすのも簡単です。乾物を水につけてそのままレンジで加熱すればすぐにもどります。

■材料（2人分）■

和風ハンバーグ

- 鶏ささ身ひき肉………80g
- 豚赤身ひき肉…………70g
- 玉ねぎ…………………40g
- 卵…………½個弱（20g）
- 生パン粉…………大さじ3
- 塩…………………小さじ⅓
- こしょう………………少量

サラダ油……大さじ½弱（6g）
青じそ…………4枚（4g）
ポン酢しょうゆ（市販）大さじ1

しめじのホイル焼き

- しめじ ………………160g
- 酒…………………大さじ1

しょうゆ……………小さじ2
レモンの半月切り……4切れ

ピーマンのお浸し

ピーマン ………………160g
もやし……………………80g
しょうゆ・だし……各小さじ2

胚芽精米ご飯 …………220g
マンゴー ………………160g

■応用献立例の3パターン■ 主食＝胚芽精米ご飯110g・184kcal

	主菜	副菜①	副菜②	果物
Ⅰ 427kcal	和風ハンバーグ 88 162kcal	こんにゃくのカレー煮 90 53kcal	ピーマンのお浸し 88 28kcal	
Ⅱ 448kcal	和風ハンバーグ 88 162kcal	こんにゃくとしめじの煮物 48 29kcal	トマトと青じその和風サラダ 72 28kcal	みかん（100g） 40kcal
Ⅲ 434kcal	タイの木の芽焼き 102 202kcal	しめじのホイル焼き 88 20kcal	ピーマンのお浸し 88 28kcal	

D
E
B
C
A

豚肉のミルク汁献立

……………………446kcal

Ⓐ豚肉のミルク汁Ⓑこんにゃくのカレー煮Ⓒ冷やしトマトⒹ胚芽精米ご飯Ⓔみかん

メーンは豚肉と野菜の具がたくさん入った主菜兼汁物。トマトは味つけなしで食べられるので、野菜が足りないときにすぐ食卓に出せて便利。冷蔵庫に常備してあるといいですね。

作り方

豚肉のミルク汁

❶豚肉は一口大に切る。

❷ねぎは1cm幅に切る。にんじんは薄い半月かいちょう切りにする。しめじは石づきを除いて小房に分ける。じゃが芋は皮をむいて薄い半月かいちょう切りにし、水にさらす。ごぼうは皮をこそげ落として斜め薄切りにし、水にさらしてさっとゆでる。

❸青ねぎは小口切りにする。

❹なべに水2カップ、固形ブイヨンを入れて煮立て、ブイヨンを溶かす。豚肉と②の材料を入れてアクを除き、弱火にして煮る。

❺野菜が柔らかくなったら牛乳を加えてひと煮し、塩、こしょうで味を調え、香りづけにしょうゆを落として火を止める。

❻器に盛り、青ねぎの小口切りを散らす。

★固形ブイヨンの代わりにみそ大さじ1で味つけし、洋風みそ汁にしてもおいしくいただけます。

こんにゃくのカレー煮

❶こんにゃくは手で一口大にちぎり、下ゆでする。

❷さやいんげんは筋を取って3〜4cm長さに切り、塩少量(分量外)を入れた沸騰湯でゆでる。

❸なべに油を熱し、こんにゃくの水けをよくきって入れ、こんにゃくからピリピリと音が出るまでいためる。だしと砂糖、しょうゆ、カレー粉を加えて汁けがほとんどなくなるまで煮る。

❹器に盛っていんげんを添える。

冷やしトマト

トマトはへたを取り、縦に薄く切って器に盛る。

■材料(2人分)■

豚肉のミルク汁

豚もも薄切り肉…………60g
ねぎ…………………………40g
じゃが芋 ……………………100g
ごぼう………………………40g
しめじ………………………60g
にんじん……………………40g
低脂肪牛乳…………………2/3カップ
固形ブイヨン………………1/2個
塩……………………………小さじ1/3
こしょう……………………少量
しょうゆ……………………少量
青ねぎ………………………少量
だし…………………………1/3カップ

こんにゃくのカレー煮

こんにゃく ……1枚(250g)
だし…………………………1/2カップ
砂糖…………………………大さじ1
しょうゆ……………………大さじ1
カレー粉……………………小さじ2
サラダ油……………………小さじ1/2
さやいんげん………………30g

冷やしトマト

トマト ………………………200g

胚芽精米ご飯 ……………220g

みかん …………4個(200g)

■応用献立例の3パターン■

主食=胚芽精米ご飯110g・184kcal

	主菜	副菜①	副菜②	
I 427kcal	豚肉のミルク汁 90 145kcal	冬瓜の煮物 94 66kcal	春菊の粒マスタードあえ 98 32kcal	
II 445kcal	豚肉のミルク汁 90 145kcal	ブロッコリーのからしあえ 92 34kcal	ひじきの煮物 36 82kcal	
III 423kcal	豚肉のミルク汁 90 145kcal	トマトと青じその和風サラダ 72 28kcal	アサリとひじきの当座煮 56 66kcal	

D
E
C
B
A

豚肉と白菜の煮物献立 ……452kcal

Ⓐ豚肉と白菜の煮物Ⓑ牛乳かんのウニのせⒸブロッコリーのからしあえⒹゆで枝豆Ⓔ胚芽精米ご飯

そのまま飲むのが苦手な人におすすめの牛乳かん。牛乳をかんてんで固めてウニをちょっとのせるだけで、懐石料理風の一品ができます。無意識のうちにたくさん食べてしまいそうな枝豆。あらかじめ分量を計って小皿に盛り、食べすぎを防止。

作り方

豚肉と白菜の煮物

❶豚肉は一口大に切る。

❷白菜は葉と軸に分け、葉はざく切り、軸はそぎ切りにする。しいたけは軸を除く。

❸なべにだしを入れて煮立て、豚肉、白菜の軸、しいたけを入れて弱火にして3～4分煮る。酒、塩、砂糖で調味し、白菜の葉を加えてさらに3～4分煮、仕上げにしょうゆを落とす。

牛乳かんのウニのせ

❶貝割れ菜は根を切り落とす。

❷なべに水1/2カップと粉かんてんを入れ、弱火にかけてかんてんを煮溶かす。牛乳を加えて軽く沸かし、水でぬらした型にこしながら流し入れ、冷蔵庫で冷やし固める。

❸②の牛乳かんを型から出し、2等分して器に盛る。ウニとわさびをのせて貝割れ菜を添え、だしとしょうゆを合わせてかける。

★ウニの代わりにイクラでも。たれにはだしじょうゆのほかにポン酢、しょうゆだけでも。

ブロッコリーのからしあえ

❶きくらげは水につけてもどし、石づきを除いて大きいものは食べやすくちぎる。堅いものはさっとゆでる。

❷ブロッコリーは小房に分けて塩少量（分量外）を入れた沸騰湯でゆでる。

❸ボールにからし、しょうゆ、だしを入れて混ぜ、きくらげとブロッコリーをあえる。

ゆで枝豆

枝豆はさやの両端をハサミで切り落とし、塩をふってもんでうぶ毛を取り、そのまま沸騰湯の中に入れて好みの堅さにゆでる。

■材料（2人分）■

豚肉と白菜の煮物

- 豚もも薄切り肉 ………100g
- 白菜 ………240g
- 生しいたけ………60g
- だし………1½カップ
- 砂糖………小さじ2
- しょうゆ………大さじ½
- 塩………少量
- 酒………大さじ1

牛乳かんのウニのせ

- 低脂肪牛乳………1カップ
- 粉かんてん……(牛乳+水の0.8%)2.5g
- 生ウニ………30g
- 貝割れ菜………10g
- { だし………小さじ2 / しょうゆ………小さじ2 }
- わさび………少量

ブロッコリーのからしあえ

- ブロッコリー ………160g
- きくらげ(乾)………5g
- { しょうゆ………大さじ½ / だし………小さじ2 / 練りがらし………少量 }

ゆで枝豆

- 枝豆…さやつき160g(正味80g)
- 塩………適量

胚芽精米ご飯 ………220g

■応用献立例の3パターン■ 主食=胚芽精米ご飯110g・184kcal

	主菜	副菜①	副菜②	副菜③・汁物
Ⅰ 420kcal	豚肉と白菜の煮物 92 101kcal	アジの酢の物 112 64kcal	きゅうりのカテージチーズあえ 60 39kcal	ほうれん草のすまし汁 108 32kcal
Ⅱ 465kcal	寄せなべ 100 114kcal	牛乳かんのウニのせ 92 79kcal	ブロッコリーのからしあえ 92 34kcal	ゆで枝豆 92 54kcal
Ⅲ 456kcal	さつま揚げと青梗菜の煮物 31 88kcal	牛乳かんのウニのせ 92 79kcal	焼きささ身とほうれん草のあえ物 116 51kcal	ゆで枝豆 92 54kcal

E
D
C
B
A

7

豚肉のしょうが焼き献立

Ⓐ豚肉のしょうが焼きⒷ冬瓜の煮物Ⓒ春菊とえのきのあえ物Ⓓ胚芽精米ご飯

436kcal

同じエネルギー量をとるのならエネルギーが高くて少量よりも、エネルギーが低くて量がたくさん食べられたほうがいいですよね。この献立はその一例。品数を増やすと豪華な気分になります。

作り方

豚肉のしょうが焼き

❶キャベツはせん切りにし、トマトはくし形に切る。

❷しょうがはすりおろし、しょうゆ、酒、水と混ぜ合わせる。

❸フライパンに油を熱し、豚肉を1枚ずつ広げながら入れて両面を焼き、②のたれを加えて肉にからめる。

❹皿に③の豚肉を盛り、キャベツのせん切りとトマトを添える。

冬瓜の煮物

❶冬瓜は皮をむいて3㎜厚さのいちょう切りにする。

❷みょうがは斜め薄切りにする。

❸エビは竹串で背わたを取って殻をむく。

❹なべにだし、砂糖、塩、酒、冬瓜を入れて火にかける。煮立ったら、弱火にして煮る。冬瓜が透き通ってきたら、エビとみょうがを加えてエビに火が通るまで煮、香りづけにしょうゆを落として火を止める。

春菊とえのきのあえ物

❶春菊は堅い茎を除いて塩少量（分量外）を入れた沸騰湯でゆでる。すぐに水にとって水けを絞り、3～4㎝長さに切る。

❷黄菊は花びらをむしり、酢少量（分量外）を入れた沸騰湯でさっとゆで、水にさらして水けを絞る。

❸えのきは石づきを切り落とし、半分の長さに切って食べやすくほぐし、さっとゆでて水けをきる。

❹ボールにだしとしょうゆを合わせ、春菊、黄菊、えのきを入れてあえる。

★黄菊を入れると料理が引き立ちます。もちろんなくても。

■材料（2人分）■

豚肉のしょうが焼き

豚もも薄切り肉……160g
- しょうが……⅓かけ
- しょうゆ……大さじ⅔
- 酒……大さじ⅔
- 水……大さじ⅔

サラダ油……大さじ½弱（6g）
キャベツ……120g
トマト……120g

冬瓜の煮物

冬瓜……200g
エビ……60g
みょうが……20g
だし……2カップ
砂糖……大さじ1
塩……小さじ⅓
酒……大さじ2
しょうゆ……少量

春菊とえのきのあえ物

春菊……160g
えのきだけ……30g
黄菊……20g
- しょうゆ……大さじ½
- だし……大さじ½

胚芽精米ご飯……220g

■応用献立例の3パターン■ 主食＝胚芽精米ご飯110g・184kcal

	主菜	副菜①	副菜②	汁物・果物
Ⅰ 415kcal	豚肉のしょうが焼き 94 160kcal	竹の子の煮物 112 71kcal		
Ⅱ 419kcal	豚肉のしょうが焼き 94 160kcal	貝割れ菜のレモンじょうゆ 36 18kcal		じゃが芋とわかめのみそ汁 10 57kcal
Ⅲ 422kcal	ホタテとエビのホイル焼き 103 108kcal	冬瓜の煮物 94 66kcal	春菊とえのきのあえ物 94 26kcal	グレープフルーツ（100g） 38kcal

B
D
C
A

8 肉じゃが献立

Ⓐ肉じゃがⒷ素焼きなすⒸキャベツの浅漬けⒹ胚芽精米ご飯

443kcal

肉じゃがは油でいためずに、沸騰した水に材料を入れて煮ます。これはカレーにも応用できるわざ。豚肉のうま味で充分おいしくなります。焼きなすは薄く切って焼くと火の通りも早く、すぐできます。

作り方

肉じゃが

❶豚肉は一口大に切る。

❷じゃが芋は皮をむいて4～6つ割りにし、水にさらす。玉ねぎは薄切りにし、にんじんは一口大の乱切りにする。グリーンピースはゆでる。

❸しらたきは食べやすい長さに切り、下ゆでする。

❹なべに水1½カップを煮立て、豚肉、玉ねぎ、じゃが芋、にんじん、しらたきを入れて再び煮立て、アクを除いて弱火にし、3～4分煮る。砂糖、しょうゆを加えてじゃが芋が柔らかくなるまで煮る。

❺グリーンピースを加えてひと煮し、火を止める。

素焼きなす

❶みそ、砂糖、酢、だし、豆板醤を混ぜ合わせてみそだれを作る。

❷なすは縦半分に切り、さらに縦に5㎜幅に切って水にさらし、水けをふき取って焼き網で焼く。

❸貝割れ菜は根を切り落として半分の長さに切る。

❹器に②の焼きなすを盛り、貝割れ菜を散らして①のみそだれをかける。

★みそだれは市販の酢みそに豆板醤を加えたものでも。

キャベツの浅漬け

❶キャベツは1枚ずつはがし、さっと熱湯に通してから太めの短冊切りにし、塩をふってもむ。

❷青じそはせん切りにする。

❸①のキャベツの水けを絞り、青じそと軽く合わせてもみ、器に盛る。

調理テクニック② いためる

いため物のエネルギーを上げないために油は分量どおり計量します。少なめの油でいためるコツは、まずテフロン加工のフライパンを使うこと。なければ油がよくなじんだものを。油はフライパンを熱してから入れ、強火で手早くいためます。堅い材料は下ゆでしておき、材料に早く火が通るようにしておくのが手。

■材料(2人分)■

肉じゃが

豚もも薄切り肉……100g
じゃが芋……200g
玉ねぎ……60g
にんじん……60g
しらたき……100g
冷凍グリーンピース……20g
砂糖……大さじ1
しょうゆ……大さじ1⅓

素焼きなす

なす……2個(160g)
貝割れ菜……20g
みそだれ
- みそ……大さじ1
- 砂糖・酢……各小さじ1
- 豆板醤(好みで)……少量
- だしまたは水……少量

キャベツの浅漬け

- キャベツ……100g
- 塩……ミニスプーン1

青じそ……2枚(2g)

胚芽精米ご飯……220g

■応用献立例の3パターン■ 主食=胚芽精米ご飯110g・184kcal

	主菜	副菜①	副菜②	果物
Ⅰ 435kcal	肉じゃが 96 202kcal	もずくと夏みかんの酢の物 104 30kcal	冷やしトマト 90 19kcal	
Ⅱ 439kcal	肉じゃが 96 202kcal	こんにゃくとしめじの煮物 48 29kcal	きゅうりのみょうがかけ 81 24kcal	
Ⅲ 394kcal	マグロのおろしかけ 29 89kcal	素焼きなす 96 45kcal	キャベツの浅漬け 96 12kcal	マンゴー(100g) 64kcal

D
C
B
A

鶏肉と里芋の煮物献立……429kcal

Ⓐ鶏肉と里芋の煮物Ⓑこんにゃくの刺し身Ⓒ春菊の粒マスタードあえⒹカニのみそ汁Ⓔ胚芽精米ご飯

骨つきの肉は食べごたえ充分。皮がついている分、エネルギーは高めですが、食べられる部分が少ないので安心できます。殻つきのカニも見た目のボリュームは満点。

作り方

鶏肉と里芋の煮物

❶里芋は皮をむき、大きいものは半分に切る。

❷貝割れ菜は根を切り落とし、半分の長さに切る

❸なべに油を熱し、鶏肉を入れて表面がきつね色になるまで焼きつけ、鶏肉から出た脂をペーパータオルで吸い取って除く。

❹③にだし、しょうが、砂糖、酒、しょうゆを加えて煮立てる。里芋を加えて落としぶたをし、弱火にしてアクを除きながら里芋が柔らかくなるまで煮る。

❺器に盛り、貝割れ菜を添える。

こんにゃくの刺し身

❶こんにゃくは薄くそぎ切りにする。

❷うごは食べやすく切る。

❸器にうごとこんにゃくを盛り、酢みそをかける。

★酢みそを手作りする場合の分量は、白みそ大さじ1／酢大さじ1/2／砂糖小さじ1／だし大さじ1です。

春菊の粒マスタードあえ

❶春菊は堅い茎を除いて塩少量(分量外)を入れた沸騰湯でゆで、水にとって水けを絞り、3cm長さに切る。

❷ボールに粒マスタード、しょうゆ、だしを入れて混ぜ合わせ、春菊をあえる。

カニのみそ汁

❶ワタリガニはよく洗って食べやすい大きさに切る。

❷青ねぎは小口切りにする。

❸なべに水2 1/2カップとワタリガニを入れて火にかけ、煮立ったらアクを除いて火を弱め、1～2分煮る。カニの味が出たらみそを溶き入れ、ひと煮して火を止める。

❹椀に盛り、青ねぎの小口切りを散らす。

■材料(2人分)■

鶏肉と里芋の煮物

鶏手羽元肉
……骨つき2本(正味80g)
里芋……200g
だし……2カップ
しょうがの薄切り…2～4枚
砂糖……大さじ1
酒……大さじ2
しょうゆ……大さじ1
サラダ油……小さじ1
貝割れ菜……5g

こんにゃくの刺し身

刺し身用こんにゃく…160g
うご*……100g
酢みそ(市販)……30g
＊刺し身のつまによく使われる海藻の一種。別名おごのり。なければほかの海藻で。

春菊の粒マスタードあえ

春菊……200g
粒マスタード……小さじ2
しょうゆ……大さじ1/2
だし……大さじ1/2

カニのみそ汁

ワタリガニ
……殻つき100g(正味30g)
みそ……大さじ1
青ねぎ……10g

胚芽精米ご飯……220g

■応用献立例の3パターン■ 主食＝胚芽精米ご飯110g・184kcal

	主菜	副菜①	副菜②	汁物
Ⅰ 438kcal	鶏肉と里芋の煮物 98 146kcal	こんにゃくの刺し身 98 37kcal	春菊の粒マスタードあえ 98 32kcal	鶏肉のふわふわ汁 119 39kcal
Ⅱ 414kcal	鶏肉と里芋の煮物 98 146kcal	しめじのホイル焼き 88 20kcal	トマトとサラダ菜の酢みそかけ 80 34kcal	カニのみそ汁 98 30kcal
Ⅲ 396kcal	鶏肉と里芋の煮物 98 146kcal	焼きしいたけとオレンジのあえ物 118 25kcal	五色漬け 24 11kcal	カニのみそ汁 98 30kcal

D
E
C
B
A

たんぱく質たっぷりの主菜

ここで使っているエビ、タコ、ホタテ、カツオなどはたんぱく質量が多いわりに、脂肪量が少ないヘルシーな食品です。エネルギーを制限していてもこれらの食品をじょうずに利用して、必要な栄養素はしっかりととるようにしましょう。

寄せなべ

114 kcal

たんぱく質はもちろん、野菜もたっぷり食べられます。

●材料（2人分）

- エビ……4尾(60g)
- 白身魚(生タラ)……60g
- 生しいたけ……4枚(40g)
- 白菜……180g
- しらたき……½玉(100g)
- 絹ごし豆腐……80g
- えのきだけ……40g
- 干しわかめ……10g
- ほうれん草……60g
- だし……3カップ
- しょうゆ……大さじ1
- 塩……少量
- 酒……大さじ2

●作り方

❶エビは背わたを取り、尾の部分を残して殻をむく。白身魚は一口大に切る。

❷しらたきは食べやすく切ってゆでる。豆腐は4cm角に切る。

❸しいたけは軸を取る。白菜は軸はそぎ切り、葉はざく切りにする。えのきは石づきを取り、食べやすく切る。わかめは水につけてもどし、一口大に切る。ほうれん草は塩少量（分量外）を加えた熱湯でゆで、4cm長さに切る。

❹なべにだし、しょうゆ、塩、酒を入れて煮立て、だしの出るもの、火の通りにくいものから順に入れて煮る。

油揚げのツナ詰め焼き

124 kcal

油揚げに焦げ目がついたらでき上がり。

●材料（2人分）

油揚げ……1枚(40g)
ツナの水煮缶詰……100g
青ねぎ(小口切り)……10g
削りガツオ……4g
しょうゆ……小さじ1/4
レモン……少量
貝割れ菜……少量

●作り方

❶ツナ缶は汁けをきって細かくほぐし、小口切りにした青ねぎ、削りガツオ、しょうゆと混ぜ合わせる。
❷油揚げは半分に切って袋状に開く。袋の中に①の具を詰めて口をようじでとめる。
❸②の油揚げをよく熱した焼き網またはグリルにのせ、両面をこんがりときつね色になるまで焼く。
❹皿に③を盛り、レモンのくし形切りと根を除いた貝割れ菜を添える。

タコと大根の煮物

167 kcal

タコの代わりにイカにしても。

●材料（2人分）

タコ(ゆでたもの)……200g
大根……200g
しょうが……1かけ(15g)
しょうゆ……大さじ2
砂糖……大さじ2
酒……大さじ4
貝割れ菜……少量

●作り方

❶タコは一口大に切る。
❷大根は皮をむいて乱切り、しょうがは薄切りにする。貝割れ菜は根を除いて半分の長さに切る。
❸なべに水2カップとしょうゆ、砂糖、酒を入れて火にかける。煮立ったらしょうが、タコ、大根を加え、大根が柔らかくなるまで弱火で煮る。
❹器に盛り、貝割れ菜をのせる。

タイの木の芽焼き

202
kcal

木の芽をふって華やかに。

●材料（2人分）

タイ(切り身)……2切れ(200g)

- 酒……大さじ1
- 塩……小さじ⅔

木の芽……適量
大根おろし……80g
しょうゆ……少量

●作り方

❶タイは、酒と塩を合わせたものを塗り、30分ほどおく。
❷木の芽は粗く刻む。
❸①のタイをグリルまたはオーブントースターで7～8分焼く。
❹皿に盛って木の芽をふり、大根おろしにしょうゆをかけて添える。

カツオのたたき

133 kcal

カツオにはコレステロールを下げたり、**動脈硬化を防ぐEPA**が豊富に含まれています。

●材料（2人分）

カツオ（刺し身用）……200g
大根……100g
しょうが……20g
青ねぎ……20g
ポン酢しょうゆ（市販）……大さじ2

●作り方

❶カツオは金串を末広に打つ。金串を持ち、皮目のほうから直火であぶる。表面が白っぽくなり、焼き目がついたら氷水にとって冷ます。金串を抜いてよく水けをふき取り、1cm厚さに切る。
❷大根としょうがはそれぞれすりおろし、軽く水けをきる。青ねぎは小口切りにする。
❸皿に大根おろしを敷き、その上にカツオを盛りつけ、青ねぎとおろししょうがをのせる。ポン酢しょうゆをかけていただく。

ホタテとエビのホイル焼き

108 kcal

いろいろ入って食べごたえのあるおかずです。

●材料（2人分）

ホタテ貝柱……160g
エビ……100g
玉ねぎ……60g
えのきだけ……50g
しめじ……50g
酒……大さじ2
ポン酢しょうゆ（市販）……大さじ2
レモン……少量
青ねぎ……少量

●作り方

❶エビは背わたを取り、尾の部分を残して殻をむく。
❷玉ねぎは薄切り、えのきだけ、しめじは石づきを取って小房に分ける。青ねぎは小口切りにする。
❸アルミ箔を広げ、玉ねぎを敷き、その上に、えのきだけ、しめじ、ホタテ、エビをのせ、酒をふりかけて包む。
❹③をオーブントースターで7～8分焼く。
❺皿に④を盛り、アルミ箔の口をあけて青ねぎの小口切りをふり、くし形切りのレモンを添える。ポン酢しょうゆをかけていただく。

10 Ⓐキンメダイのみぞれ蒸しⒷなすの丸煮Ⓒもずくと夏みかんの酢の物Ⓓ胚芽精米ご飯

キンメダイのみぞれ蒸し献立 ……404kcal

淡泊な白身魚を蒸してあんをかけていただきます。副菜の「なすの丸煮」はなすをなんと2本も使います。あっさりした煮物なので驚くほどペロリと食べられます。これで160gの野菜がとれてしまいます。

作り方

キンメダイのみぞれ蒸し

❶きくらげは水につけてもどし、石づきを除いてせん切りにする。にんじんは3cm長さの短冊切りにし、しいたけは軸を除いて薄切りにする。三つ葉は2cm長さに切る。

❷かぶは皮をむいてすりおろし、卵白を加えて混ぜ、①の野菜類とぎんなんを加える。

❸盛りつける器に魚を1切れずつのせ、②を½量ずつのせ、蒸気の立った蒸し器で5～6分蒸す。

❹なべにだしを煮立て、しょうゆで調味し、水で溶いたかたくり粉でとろみをつけてあんを作る。

❺蒸し上がった③の蒸し汁を捨て、④のあんをかける。

★キンメダイのほかにタラなどの白身の魚で。

なすの丸煮

❶なすはへたを取って表面に浅く包丁目を入れる。

❷なべにだし、砂糖、しょうゆ、酒を入れて煮立て、なすを入れて落としぶたをし、弱火にして20～30分煮、そのまま冷ます。

❸器に②のなすを盛り、おろししょうがを添える。

★なすは冷やしても、あつあつでも。

もずくと夏みかんの酢の物

❶夏みかんは袋から出して軽くほぐす。きゅうりは3～4cm長さの太めのせん切りにし、もずくは包丁でたたく。

❷しょうゆ、酢、しょうがの搾り汁を合わせ、もずくをあえてから、きゅうり、夏みかんを加えてあえる。

★夏みかんがなければ、同じ柑橘系のグレープフルーツなどでさわやかに。

■材料(2人分)■

キンメダイのみぞれ蒸し

キンメダイ …2切れ(100g)
きくらげ(乾)……2g
にんじん……10g
生しいたけ……1枚(10g)
ぎんなん(水煮)……20g
三つ葉……少量
{ かぶ……50g
{ 卵白……⅓個分(10g)
あん
{ しょうゆ……大さじ½
{ だし……1カップ
{ かたくり粉……小さじ1

なすの丸煮

なす ……4個(320g)
{ だし……2カップ
{ 砂糖……大さじ1½
{ しょうゆ……大さじ1
{ 酒……大さじ2
おろししょうが……少量

もずくと夏みかんの酢の物

きゅうり ……100g
もずく ……100g
夏みかん……80g
合わせ酢
{ しょうゆ……大さじ⅔
{ 酢……大さじ½
{ しょうがの搾り汁…小さじ1

胚芽精米ご飯 ……220g

■応用献立例の3パターン■ 主食=胚芽精米ご飯110g・184kcal

	主菜	副菜①	副菜②	
Ⅰ 400kcal	キンメダイのみぞれ蒸し 104 121kcal	なすの丸煮 104 69kcal	ほうれん草のお浸し 106 26kcal	
Ⅱ 397kcal	寄せなべ 100 114kcal	なすの丸煮 104 69kcal	もずくと夏みかんの酢の物 104 30kcal	
Ⅲ 353kcal	ハマグリと白菜の小なべ仕立て 30 70kcal	なすの丸煮 104 69kcal	もずくと夏みかんの酢の物 104 30kcal	

D
C
B
A

11 サケの焼き浸し献立 ……437kcal

Ⓐサケの焼き浸しⒷぜんまいの煮物Ⓒほうれん草のお浸しⒹ胚芽精米ご飯Ⓔパパイヤ

南蛮漬け風の焼き浸しです。サケは揚げずに焼くのがポイント。主菜で油を使っていないので、副菜の「ぜんまいの煮物」で油を使って料理にこくを出します。お浸しなど、緑黄色野菜を食べるときには、カロテンの吸収率をよくするために油をいっしょにとることが重要。

作り方

サケの焼き浸し

❶玉ねぎは薄切りにし、にんじんは4㎝長さのせん切りにする。レモンはいちょう切りにする。赤とうがらしは種を除いて小口切りにする。貝割れ菜は根を切り落として半分の長さに切る。

❷密閉できる容器にしょうゆ、みりん、酢、だしを入れて合わせ、玉ねぎ、にんじん、レモン、赤とうがらしを加えて合わせる。

❸サケはグリルか焼き網で焼き、熱いうちに②に漬け、1時間以上おいて味をなじませる。

❹器に③のサケと野菜を盛り、貝割れ菜を散らす。

★冷蔵庫で2～3日保存できます。多めに作ってお弁当のおかずにも。

ぜんまいの煮物

❶ぜんまいは3～4㎝長さに切る。

❷油揚げはざるにあげて熱湯をまわしかけて油抜きをし、縦半分に切って端から細く切る。

❸なべに油を熱し、ぜんまいと油揚げを入れてさっといため合わせる。だし、砂糖、しょうゆを加えて煮立て、弱火にして汁けがなくなるまで煮る。

ほうれん草のお浸し

❶ほうれん草は塩少量（分量外）を入れた沸騰湯でゆで、水にとって水けを絞り、3～4㎝長さに切る。

❷だしとしょうゆを合わせてほうれん草をあえる。

❸器にほうれん草を盛り、のりをかける。

■材料（2人分）■

サケの焼き浸し

- 生ザケ……小2切れ（120g）
- 玉ねぎ……40g
- にんじん……20g
- レモンの輪切り……2枚
- しょうゆ……大さじ1
- みりん……小さじ1
- 酢……大さじ1
- だし……大さじ4
- 赤とうがらし……少量
- 貝割れ菜……20g

ぜんまいの煮物

- ぜんまい（水煮）……100g
- 油揚げ……½枚（20g）
- だし……1½カップ
- 砂糖……大さじ1
- しょうゆ……大さじ½
- サラダ油……大さじ½弱（6g）

ほうれん草のお浸し

- ほうれん草……200g
- しょうゆ……小さじ2
- だし……小さじ2
- もみのり……少量

胚芽精米ご飯……220g

パパイヤ……80g

■応用献立例の3パターン■ 主食＝胚芽精米ご飯110g・184kcal

	主菜	副菜①	副菜②	果物
Ⅰ 463kcal	サケの焼き浸し 106 109kcal	さつま芋の甘煮 74 144kcal	ほうれん草のお浸し 106 26kcal	
Ⅱ 433kcal	サケの焼き浸し 106 109kcal	切り干し大根の煮物 18 117kcal	きゅうりもみ 38 8 kcal	パパイヤ（40g） 15kcal
Ⅲ 446kcal	カツオのたたき 103 133kcal	ぜんまいの煮物 106 103kcal	ほうれん草のお浸し 106 26kcal	

E
D
B
C
A

12 マグロと焼きなすの山かけ献立 ……442kcal

Ⓐマグロと焼きなすの山かけⒷ大根とイカの煮物Ⓒほうれん草のすまし汁Ⓓ胚芽精米ご飯Ⓔキウイフルーツ

マグロは脂肪の少ない赤身を選びます。同じ量の50gを食べようとすると、赤身は47kcalなのに対してとろはなんと176kcalもあります。献立で主菜にたんぱく質が少ないときは副菜にたんぱく質の含まれる食品を使います。

作り方

マグロと焼きなすの山かけ

❶なすは焼き網で焼く。皮が焦げ、中に火が通るまで焼き、冷水にさっとくぐらせて皮をむき、食べやすく手で裂く。

❷青じそはせん切りにする。

❸山芋はすりおろす。

❹マグロは2cm角に切る。

❺器に①の焼きなすとマグロを盛り、③のすりおろした山芋をかける。青じそとわさびを添え、しょうゆをかけていただく。

大根とイカの煮物

❶大根は2cm厚さの輪切りにし、皮を厚めにむいて面とりする。しょうがは半分を薄切りにし、半分をせん切りにする。

❷イカはわたを除き、胴は1cm幅の輪切りにし、足は2～3本ずつに切り、長いものは半分に切る。

❸なべに水2～2½カップ、砂糖、しょうゆ、しょうがの薄切りを入れて煮立てる。イカと大根を入れてアクを除いて弱火にし、大根が柔らかくなるまで20～25分煮る。

❹器に盛り合わせ、しょうがのせん切りをのせる。

ほうれん草のすまし汁

❶ほうれん草は塩少量（分量外）を入れた沸騰湯でゆで、水けを絞って2～3cm長さに切る。

❷なべにだしを煮立て、塩としょうゆで調味し、ほうれん草を入れてさっと煮、ときほぐした卵を流し入れて火を止める。

調理テクニック③ 揚げる

たまには食べたい揚げ物。材料や衣によって吸油率が違ってきます。同じ材料と分量の場合、衣が薄く、表面積が少ないほど油をあまり吸いません。材料の水けはよくふき取り、衣は分量どおりに、なるべく薄くむらなくつけ、余分な粉ははたいて落とします。適温でカラッと揚げ、よく油をきること。これで安心です。

■材料（2人分）■

マグロと焼きなすの山かけ

マグロ赤身刺し身用さく ……100g
なす ……3個（240g）
山芋 ……60g
青じそ ……1枚（1g）
わさび ……適量
しょうゆ ……大さじ1

大根とイカの煮物

大根 ……200g
イカ ……60g
砂糖 ……大さじ1
しょうゆ ……大さじ1
しょうが ……1/3かけ

ほうれん草のすまし汁

ほうれん草 ……80g
卵 ……1/2個（30g）
だし ……2カップ
塩 ……小さじ1/3
しょうゆ ……小さじ1

胚芽精米ご飯 ……220g

キウイフルーツ ……140g

■応用献立例の3パターン■ 主食＝胚芽精米ご飯110g・184kcal

	主菜	副菜①	副菜②・果物	汁物
I 446kcal	マグロと焼きなすの山かけ 108 118kcal	れんこんのきんぴら 114 65kcal	煮豆（市販・20g） 47kcal	ほうれん草のすまし汁 108 32kcal
II 417kcal	マグロと焼きなすの山かけ 108 118kcal	竹の子の煮物 112 71kcal	キャベツの浅漬け 96 12kcal	ほうれん草のすまし汁 108 32kcal
III 440kcal	ホタテとエビのホイル焼き 103 108kcal	大根とイカの煮物 108 71kcal	みかん（100g） 45kcal	ほうれん草のすまし汁 108 32kcal

E
B
D
C
A

13

ホタテ貝柱のフライ献立……440kcal

Ⓐホタテ貝柱のフライⒷひじきとにんじんのあえ物Ⓒきのこのすまし汁Ⓓ胚芽精米ご飯Ⓔ夏みかん

今まで使っていた器をそのまま使うと、料理を盛ってもすき間が目立って寂しい食卓になってしまいます。器を小さくして少量でもボリュームが出るようにしましょう。エネルギー制限に要注意の揚げ物料理のフライは1週間に1回程度に。

作り方

ホタテ貝柱のフライ

❶キャベツと青じそはともにせん切りにして水に放し、パリッとさせる。

❷ホタテ貝柱は水けをよくふき取り、小麦粉、とき卵、パン粉の順に衣をつけ、180度の揚げ油できつね色にカラッと揚げる。

❸器に②のホタテ貝柱のフライ、水けをきったキャベツと青じそ、プチトマトを盛り合わせ、ウスターソースを別器に入れて添える。

★衣はなるべく薄くつけること。パン粉は粗いものより細かいものを。めんどうでも一度裏ごしにかけて細かくすると吸油率が下がります。

ひじきとにんじんのあえ物

❶ひじきは水につけてもどし、長いものは食べやすい長さに切る。

❷おかひじきは堅い茎を除いて食べやすい長さに切り、さっとゆでて水にとり、水けを絞る。

❸にんじんは4㎝長さのせん切りにし、歯ごたえが残る程度にさっとゆでる。

❹ごまは包丁で軽く刻み、しょうゆ、だしと合わせる。

❺④でひじきとおかひじき、にんじんをあえる。

きのこのすまし汁

❶しいたけは軸を除いて薄切りにし、しめじは石づきを除いて小房に分け、えのきは石づきを切り落として半分の長さに切り、食べやすいようにほぐす。

❷はんぺんは1㎝角に切る。

❸なべにだしを煮立て、はんぺんときのこを入れてさっと煮、塩としょうゆで調味する。

■材料(2人分)■

ホタテ貝柱のフライ

- ホタテ貝柱 ……6個(120g)
- 小麦粉……………大さじ1½
- とき卵………¼個分(12g)
- パン粉……………大さじ3
- 揚げ油………………………適量
- キャベツ……………………80g
- 青じそ……………2枚(2g)
- プチトマト………6個(60g)
- ウスターソース………大さじ1

ひじきとにんじんのあえ物

- ひじき(乾)………………6g
- おかひじき…………………60g
- にんじん……………………40g
- 白いりごま…………………4g
- しょうゆ……………小さじ2
- だし…………………小さじ2

きのこのすまし汁

- しめじ………………………20g
- えのきだけ…………………10g
- 生しいたけ…………………20g
- はんぺん……………………20g
- だし…………………………2カップ
- 塩……………………………小さじ¼
- しょうゆ……………………小さじ⅔

- 胚芽精米ご飯 …………220g
- 夏みかん ………………140g

■応用献立例の3パターン■ 主食=胚芽精米ご飯110g・184kcal

	主菜	副菜①	副菜②・汁物	果物
Ⅰ 414kcal	ホタテ貝柱のフライ 110 179kcal	アスパラガスとトマトのサラダ 14 33kcal	ピーマンと昆布の煮物 50 18kcal	
Ⅱ 417kcal	ホタテ貝柱のフライ 110 179kcal	トマトと青じその和風サラダ 72 28kcal	野菜スープ 84 26kcal	
Ⅲ 445kcal	タコと大根の煮物 101 167kcal	ひじきとにんじんのあえ物 110 33kcal	きのこのすまし汁 110 16kcal	みかん(100g) 45kcal

B
E
A
C
D
III

Ⓐ空也蒸しⒷアジの酢の物Ⓒ竹の子の煮物Ⓓ胚芽精米ご飯Ⓔメロン

空也蒸し献立 ……443kcal

1日1食は豆・豆製品を主菜にするのが理想的。豆腐もたまには目先を変えた料理にしてみましょう。テーブルに器が5つも並んで豪華な気分になれる献立です。

作り方

空也蒸し

❶ボールにだしを入れてしょうゆと塩で味つけし、ときほぐした卵を加えて混ぜ、こし器でこしてなめらかにする。

❷豆腐は軽く水けをきって2等分する。

❸器に豆腐を1切れずつ入れ、①を½量ずつ流し入れ、蒸気の上がった蒸し器に入れる。まず強火で2分蒸し、弱火にして10～12分蒸す。

❹なべにあんの材料のだしを煮立て、しょうゆで調味する。倍量の水で溶いたかたくり粉を加えてとろみをつける。

❺蒸し上がった③に④のあんをかけ、わさびをのせる。

アジの酢の物

❶アジは三枚におろして塩少量（分量外）をふり、10分くらいおく。酢少量（分量外）をバットに入れてアジをくぐらせて洗い（酢洗い）、小骨を取って頭のほうから皮をむき、薄く切る。

❷きゅうりは薄い輪切りにし、濃いめの塩水（3％塩分）につけてしんなりさせ、水けを絞る。

❸わかめは水につけてもどし、食べやすく切る。

❹合わせ酢の材料を混ぜ、砂糖を溶かす。

❺①のアジときゅうり、わかめを④の合わせ酢であえて器に盛り、しょうがをのせる。

竹の子の煮物

❶竹の子はさっとゆで、食べやすい大きさに切る。

❷なべにだしと竹の子を入れて煮立て、弱火にして5～6分煮、砂糖、しょうゆ、塩、酒、みりんを加えてさらに12～15分煮てそのまま冷ます。

❸②の竹の子の汁けをきり、削りガツオを全体にまぶして器に盛り、木の芽をのせる。

■材料（2人分）■

空也蒸し

もめん豆腐 ……100g
- 卵……1個
- だし……½カップ
- しょうゆ……少量
- 塩……少量

あん
- しょうゆ……小さじ2
- だし……½カップ
- かたくり粉……小さじ½

わさび……適量

アジの酢の物

アジ……1尾（正味80g）
生わかめ……20g
きゅうり……80g
しょうがのせん切り……少量
合わせ酢
- 砂糖……小さじ⅔
- しょうゆ……小さじ2
- だし・酢……各小さじ2

竹の子の煮物

ゆで竹の子 ……200g
だし……2カップ
砂糖……大さじ1
しょうゆ……大さじ⅔
塩……少量
酒……大さじ2
みりん……小さじ2
削りガツオ……2g
木の芽（あれば）……2枚

胚芽精米ご飯 ……220g

メロン ……200g

■応用献立例の3パターン■ 主食＝胚芽精米ご飯110g・184kcal

	主菜	副菜①	副菜②	副菜③
Ⅰ 451kcal	空也蒸し 112 87kcal	牛乳かんのウニのせ 92 79kcal	なすの丸煮 104 69kcal	ゆでそら豆 54 32kcal
Ⅱ 409kcal	空也蒸し 112 87kcal	カニしいたけシューマイ 54 55kcal	かぼちゃの煮物 86 83kcal	
Ⅲ 485kcal	空也蒸し 112 87kcal	タコと大根の煮物 101 167kcal	くらげときゅうりのあえ物 117 47kcal	

D
E
A
B
C

15

Ⓐ和風ゆでギョーザⒷれんこんのきんぴらⒸ糸かんてんのあえ物Ⓓ胚芽精米ご飯

和風ゆでギョーザ献立……417kcal

ギョーザの具に鶏ささ身のひき肉と豆腐を使ったアイディアギョーザ。副菜に中国風のあえ物を添えて、ちょっと中国風の献立。

作り方

和風ゆでギョーザ

❶豆腐は軽く重石をして水けをきる。

❷青ねぎは小口切りにする。

❸青じそ、ねぎ、しょうがはせん切りにし、水に放す。

❹ボールに①の豆腐をくずして入れ、ひき肉、青ねぎの小口切り、しょうがの搾り汁、塩を入れて手でよく混ぜ合わせる。

❺④の具を8等分し、ギョーザの皮で包む。

❻なべに湯を沸かし、⑤を一度に入れる。上に浮き上がってきたら2～3分、中に火が通るまでゆで、水けをきって器に盛る。

❼⑥に③の野菜の水けをきってのせる。

❽小なべにしょうゆと中国風スープを入れて熱し、熱いうちに⑦にまわしかける。

れんこんのきんぴら

❶れんこんは皮をむいて2～3㎜厚さの輪切りにし、薄い酢水にさらす。

❷赤とうがらしは種を除き、小口切りにする。

❸フライパンに油を熱し、れんこんの水けをよくきって入れ、いためる。だし、砂糖、しょうゆ、赤とうがらしを加えて汁けがなくなるまでいため煮にする。れんこんの歯ごたえを残すように、いためすぎないようにする。

糸かんてんのあえ物

❶糸かんてんはたっぷりの水につけてもどし、水けをよく絞って4㎝長さに切る。

❷きゅうりとハムは4㎝長さで、かんてんと同じ太さのせん切りにする。

❸ボールにごま油、ごま、砂糖、酢、しょうゆを入れて混ぜ合わせる。

❹③に糸かんてんときゅうり、ハムを入れてあえる。

■材料（2人分）■

和風ゆでギョーザ

- 鶏ささ身のひき肉……40g
- もめん豆腐……60g
- 青ねぎ……20g
- しょうがの搾り汁……少量
- 塩……少量

ギョーザの皮……8枚
青じそ……4枚（4g）
ねぎ……5㎝（15g）
しょうが……少量
たれ
- しょうゆ……大さじ1
- 中国風スープ……大さじ3

れんこんのきんぴら

れんこん……100g
だし……⅓カップ
砂糖……小さじ2
しょうゆ……小さじ2
赤とうがらし……少量
サラダ油……小さじ1

糸かんてんのあえ物

糸かんてん……6g
きゅうり……60g
ボンレスハム……30g
- ごま油……小さじ½
- 砂糖……小さじ⅔
- しょうゆ……小さじ2
- 酢……小さじ2
- 白いりごま……2g

胚芽精米ご飯……220g

■応用献立例の3パターン■

主食＝胚芽精米ご飯110g・184kcal

	主菜	副菜①	副菜②	
Ⅰ 407kcal	和風ゆでギョーザ 114 123kcal	かぼちゃの煮物 86 83kcal	凍りこんにゃくのあえ物 119 17kcal	
Ⅱ 434kcal	和風ゆでギョーザ 114 123kcal	大根のカレー風味煮 82 80kcal	くらげときゅうりのあえ物 117 47kcal	
Ⅲ 383kcal	マグロのおろしかけ 29 89kcal	れんこんのきんぴら 114 65kcal	糸かんてんのあえ物 114 45kcal	

D
B
C
A

あと1品の副菜

食事制限をしていると、一食の品数が減り、食卓が寂しくなります。エネルギーが低い、あえ物などの小さなおかずなら、物足りないときに1品増やすことができます。

切り昆布の煮物

39 kcal

毎日食べたい海藻を使った煮物。

●材料（2人分）

- 切り昆布(生)……80g
- しめじ……40g
- にんじん……10g
- 鶏ささ身……20g
- だし……½カップ
- しょうゆ……小さじ2
- みりん……小さじ2

●作り方

❶切り昆布は食べやすい長さに切り、しめじは石づきを取って小房に分ける。にんじんは4㎝長さのせん切りにする。

❷鶏ささ身は筋を取ってせん切りにする。

❸なべにだしとしょうゆ、みりんを煮立てる。鶏肉、切り昆布、しめじ、にんじんを入れて汁けがほとんどなくなるまで弱火で煮る。

焼きささ身とほうれん草のあえ物

51 kcal

鶏肉の焦げ目がおいしさの秘訣。

●材料（2人分）

- 鶏ささ身……60g
- ほうれん草……150g
- しょうゆ……小さじ2
- だし……小さじ2
- 酒……小さじ1

●作り方

❶鶏ささ身は筋を取り、焼き網にのせて表面に焦げ目がつくくらいまで焼き、細かく裂く。

❷ほうれん草は塩少量（分量外）を加えた熱湯でゆでて水にとり、3～4㎝長さに切る。

❸鶏肉とほうれん草を混ぜ合わせ、しょうゆ、だし、酒であえる。

くらげときゅうりのあえ物

47 kcal

くらげは水分が95％以上、エネルギーをおさえたいときには便利な素材です。

●材料（2人分）

- 塩くらげ（細切りのもの）……60g
- しょうゆ……小さじ2
- 砂糖……小さじ1
- 鶏ガラスープ……大さじ1
- きゅうり……160g
- 白いりごま……6g

●作り方

❶くらげはたっぷりの熱湯にさっとくぐらせ、流水に2～3分さらしてもどす。

❷きゅうりは3～4cm長さのせん切りにする。

❸ボールにしょうゆ、砂糖、スープを入れて混ぜ合わせ、水けを絞ったくらげをあえる。

❹③のボールにきゅうりと白いりごまを加え、混ぜ合わせる。

ハムともやしのわさび漬けあえ

36 kcal

あえたら少しおいて、わさびの味をなじませます。

●材料（2人分）

- ボンレスハム……2枚（30g）
- もやし……80g
- きゅうり……60g
- わさび漬け……10g
- しょうゆ……小さじ1

●作り方

❶ハムはせん切りにする。

❷きゅうりはせん切りにし、もやしはさっとゆでる。

❸わさび漬けはしょうゆと合わせ、堅い場合は少量の水を加えてのばす。

❹ハムときゅうり、もやしを③であえる。

焼きしいたけとオレンジのあえ物

36 kcal

オレンジの酸味がアクセントに。

●材料（2人分）

生しいたけ……6枚(60g)
三つ葉……20g
オレンジ……¾個(正味80g)
酢……小さじ2
みりん……小さじ1
塩……ミスプーン2
しょうゆ……少量

●作り方

❶しいたけは軸を取り、よく熱した焼き網にのせて両面焼き、薄切りにする。
❷オレンジは袋から出し、半分に切る。三つ葉はさっとゆでて水にとり、3～4㎝長さに切る。
❸酢、みりん、塩、しょうゆを混ぜ合わせ、しいたけ、オレンジ、三つ葉をあえる。

おかひじきのタラコいり

37 kcal

おかひじきはシャキシャキとした歯ざわりが特徴の緑黄色野菜。よくかむことで満腹感を出します。

●材料（2人分）

おかひじき……100g
たらこ……40g
酒……大さじ1

●作り方

❶おかひじきは茎の堅い部分を除き、食べやすい長さに切る。
❷塩少量（分量外）を加えた熱湯でさっとゆでて水にさらし、水けを絞る。
❸なべに薄皮を取ったタラコと酒を入れ、よく混ぜる。これを火にかけ、箸を使ってパラパラにいり、①のおかひじきを加えていり上げる。

鶏肉のふわふわ汁

39 kcal

卵白の固まる性質を利用します。

●材料（2人分）

鶏皮なし胸肉……60g
しょうが汁……少量
卵白……20g
だし……2カップ
塩……小さじ½
酒……小さじ2
飾り用
三つ葉……10g
針しょうが……少量

●作り方

❶鶏肉は小さく切る。

❷飾り用のしょうがはせん切りにして水にさらす（針しょうが）。三つ葉は2～3㎝長さに切る。

❸鶏肉、しょうが汁、卵白、だし、塩、酒を合わせ、ミキサーにかける。一度裏ごしし、器に入れる。

❹③の器を蒸気の立った蒸し器に入れ、強火で10分蒸す。（または、電子レンジで1個あたり5分加熱する。）

❺蒸し上がったら、飾り用の三つ葉と針しょうがをのせる。

凍りこんにゃくのあえ物

17 kcal

あっさり味なので箸休めに。

●材料（2人分）

こんにゃく……½枚（125g）
青梗菜……2株（200g）
しょうが……¼かけ（4g）
しょうゆ……小さじ2
だし……小さじ2

●作り方

❶こんにゃくは冷凍庫に入れて凍らせる。解凍して薄切りにし、さっとゆでる。

❷青梗菜はざく切りにし、塩少量（分量外）を加えた熱湯でゆでて水にさらし、水けを絞る。

❸しょうがは皮をむいてすりおろす。

❹しょうゆとだしを混ぜ合わせ、こんにゃくと青梗菜をあえる。器に盛り、おろししょうがをのせる。

低エネルギーのおやつとデザート

果物や乳製品などをじょうずに使った低エネルギーのおやつ。どれも簡単にできるので、甘いものがほしくなったら、市販のものですませずに作ってみましょう。

1 ヨーグルトかん　100kcal

フルーツはみかん、パイナップルなどでも。

●材料（2人分）

低脂肪ヨーグルト……200g
砂糖……大さじ1⅔
水……½カップ
粉かんてん……2.4g
黄桃……40g

●作り方

❶なべに水とかんてんを入れて火にかける。弱火で沸騰させ、かんてんが溶けたら砂糖を加える。
❷ボールにヨーグルトを入れ、①を熱いうちにこしながら加え、よく混ぜる。
❸②に一口大に切った黄桃を加えて混ぜ、水でぬらした型に流し、冷蔵庫で冷やし固める。
❹型から出して切り分け、器に盛る。

2 冷凍フルーツ　28kcal

冷凍するだけの簡単デザート。

●材料（2人分）

ぶどう……50g
キウイ……50g

●作り方

❶ぶどうは皮をむく。キウイは皮をむいてから7mm～1cm厚さの輪切りにする。
❷ぶどうとキウイを冷凍庫に入れ、凍らせる。
❸器に彩りよく盛りつける。

3 プルーンの紅茶煮　52kcal

プルーンを紅茶に漬けるだけ。

●材料（2人分）

プルーン（種抜き）4個（36g）
紅茶のティーバッグ……1個
レモンの薄切り……1～2枚

●作り方

❶紅茶はふだんよりも少し濃いめに入れる。
❷紅茶が熱いうちにプルーンと薄切りのレモンを入れ、そのまま冷めるまでおく。

4 焼きとうもろこし 78 kcal

焦げ目が均等につくようによく転がして。

●材料（2人分）

とうもろこし……160g

しょうゆ……小さじ2

●作り方

とうもろこしは焼き網で転がしながら焼く。火が通ったらしょうゆをかけ、焦げ目がつくまでさらに焼く。

5 ロイヤルミルクティー 100 kcal

食事でとりにくい牛乳を手軽に。

●材料（1人分）

低脂肪牛乳……1カップ

紅茶……小さじ2

●作り方

❶なべに牛乳と紅茶を入れ、弱火で時間をかけて煮出す。

❷紅茶の葉が開いたら、茶こしでこしながらカップに注ぐ。

6 りんごの甘煮 ヨーグルトかけ 104 kcal

ヨーグルトは低脂肪のもので。

●材料（2人分）

りんご……160g

砂糖……小さじ1

レモン汁……小さじ2

水……1/4カップ

低脂肪ヨーグルト……100g

●作り方

❶りんごは皮をむいて芯を除き、6～8つのくし形切りにする。

❷なべにりんご、砂糖、レモン汁、水を入れて火にかける。りんごが柔らかくなったら火から下ろし、粗熱をとってから冷蔵庫で冷やす。

❸器に②のりんごを盛り、ヨーグルトをかける。

7 低脂肪ヨーグルト（100g） 54 kcal

砂糖は入れずに、プレーンなままで。

果物のエネルギー早わかり

どれくらい食べられるか

果物は、ビタミンCなどのからだの調子を調える栄養素の確保には必要なものです。しかし、食べすぎは禁物。果物に含まれる果糖は体内で脂肪に変わりやすく、体脂肪として蓄積されてしまいます。また、果物の種類によってエネルギー量が大きく違い、80kcal分食べようとした場合、みかんでは178gになりますが、バナナでは93gしか食べられません。

同じ食べるなら、できるだけ低エネルギーにおさえたいもの。早見表を参考にして、じょうずに食べましょう。

60kcal　158g

果物のエネルギー早見表

	kcal／100g	40kcal［g］	60kcal［g］	80kcal［g］
いちご	34	118	176	235
バレンシアオレンジ	39	103	154	205
キウイフルーツ	53	75	113	151
グレープフルーツ	38	105	158	211
さくらんぼ（米国産）	66	61	91	121
すいか	37	108	162	216
パイナップル	51	78	118	157
バナナ	86	47	70	93
パパイヤ	38	105	158	211
ぶどう	59	68	102	136
マンゴー	64	63	94	125
みかん	45	89	133	178
メロン	42	95	143	190
りんご	54	74	111	148

60kcal　111g

■どれくらい食べられるかの例■

エネルギーを40kcal、60kcal、80kcalとしたときに実際にはどれくらいの量なのかを示しています。

●すいか［37kcal／100g］

40kcal　108g

60kcal　162g

80kcal　216g

●グレープフルーツ［38kcal／100g］

40kcal　105g

80kcal　211g

●りんご［54kcal／100g］

40kcal　74g

80kcal　148g

●さくらんぼ［米国産、66kcal／100g］

40kcal　61g

60kcal　91g

80kcal　121g

料理一覧 ―栄養成分値つき―

●ここに掲載した数値は科学技術庁資源調査会編「五訂日本食品標準成分表」の数値に基づき、成分表に記載のない食品は女子栄養大学出版部刊「市販加工食品成分表」などを基にして計算したものです。
●料理は大きく主菜、副菜、汁物、主食、デザートに分け、さらに料理別に主菜は肉、魚介類、豆・豆製品、卵に、副菜は野菜（油、ごま等を使った料理）、野菜（油を使っていない料理）、芋、海藻・きのこ・こんにゃく、その他に分類し、ページ順に並べてあります。（ご飯、果物、市販の食品等は省略）
●栄養計算値は１人分です。材料表のとおりに計算してあるため、煮物、漬け物等の塩分は高くなっています。この数値はあくまでも目安として考え、食事作りの参考にしてください。

料理名	エネルギー kcal	たんぱく質 g	脂質 g	炭水化物 g	食物繊維 g	カルシウム mg	鉄 mg	ビタミンA（レチノール当量） μg	ビタミンB1 mg	ビタミンB2 mg	ビタミンC mg	ビタミンE mg	コレステロール mg	塩分 g	掲載ページ
主菜●肉															
塌菜とひき肉のいため物	90	8.8	4.6	3.5	2.0	124	1.7	371	0.09	0.17	32	2.4	20	1.4	26
鶏肉としめじの煮物	85	13.4	1.0	7.0	2.0	11	0.5	28	0.12	0.15	6	0.2	35	1.8	46
ささ身のタラコ巻き	95	18.8	1.8	0.3	0.1	13	0.3	46	0.26	0.19	11	2.3	139	1.4	50
レンジ蒸しささ身のみそ漬け	81	16.5	0.6	1.7	0.5	10	0.5	72	0.08	0.10	9	0.5	47	0.6	57
豚肉の昆布巻き	142	11.4	1.7	24.6	7.3	107	1.5	69	0.45	0.21	2	0.3	26	2.9	59
鶏肉と野菜の煮しめ	107	10.0	0.7	17.7	5.2	53	0.9	427	0.08	0.12	6	0.9	21	1.8	60
豚肉の野菜巻き	146	14.8	5.3	8.8	1.4	28	1.0	319	0.61	0.19	5	1.2	40	1.1	64
焼きとり	133	19.6	1.3	9.0	1.5	13	0.4	7	0.11	0.16	8	0.2	56	1.4	66
和風ステーキ	151	18.0	6.0	5.7	2.0	44	2.8	71	0.13	0.28	14	1.3	50	1.7	82
牛肉の赤ワイン漬け	126	14.1	5.6	5.2	2.5	25	2.1	99	0.14	0.23	68	2.4	33	1.0	84
牛肉の冷しゃぶ	144	19.4	3.9	7.6	1.8	41	2.6	294	0.12	0.22	32	0.5	53	1.0	86
和風ハンバーグ	162	19.5	6.0	6.0	0.7	19	0.8	54	0.40	0.18	3	1.2	92	1.5	88
豚肉のミルク汁	145	10.7	3.3	19.7	3.9	82	0.9	308	0.43	0.24	25	0.4	26	1.7	90
豚肉と白菜の煮物	101	13.2	2.0	8.8	2.6	56	1.0	21	0.55	0.21	26	0.4	33	1.1	92
豚肉のしょうが焼き	160	19.4	6.1	6.8	1.7	35	1.1	61	0.83	0.22	34	1.6	53	1.0	94
肉じゃが	202	14.7	2.0	32.1	4.2	47	1.6	430	0.63	0.19	41	0.4	33	1.8	96
鶏肉と里芋の煮物	146	11.2	2.7	19.2	2.4	16	0.8	14	0.11	0.08	9	1.2	28	1.3	98
主菜●魚介類															
カマスの干物	100	12.0	4.4	2.3	0.5	36	0.4	7	0.03	0.10	4	0.5	35	1.1	10
サケ缶のユッケ	170	14.7	10.4	3.3	0.9	145	1.5	90	0.14	0.18	21	1.0	285	1.2	12
たたみイワシ	37	7.5	0.6	0.1	0.0	97	0.3	41	0.02	0.03	0	0.3	71	0.2	14
ツナおろし	51	8.9	0.5	3.1	0.8	21	0.6	36	0.03	0.05	10	0.4	18	1.1	16
はんぺんのチーズ焼き	110	10.3	3.4	9.4	0.1	78	0.5	44	0.01	0.05	2	0.5	20	1.5	18
かまぼこの刺し身	38	4.8	0.4	4.0	0.1	12	0.1	18	0.00	0.01	0	0.1	6	1.0	20
イカの南部焼き	95	16.8	2.4	0.7	0.4	45	0.4	30	0.06	0.05	1	2.0	243	1.3	28
マグロのおろしかけ	89	18.2	0.1	2.8	0.5	17	1.7	5	0.04	0.06	5	0.8	42	1.4	29
ハマグリと白菜の小なべ仕立て	70	9.6	0.7	8.6	3.8	428	2.4	28	0.34	0.25	28	1.1	35	3.5	30
カニじゃが	127	6.3	2.3	20.6	1.5	39	0.6	9	0.10	0.09	36	0.7	24	1.2	30
さつま揚げと青梗菜の煮物	88	6.1	1.6	12.9	0.9	102	1.3	255	0.05	0.11	18	0.7	8	2.1	31
カジキのみそ柚庵焼き	71	9.2	3.4	0.1	0.1	4	0.3	44	0.03	0.04	1	1.7	36	0.5	44
焼きエビ	52	10.9	0.2	1.1	0.4	22	0.1	3	0.02	0.03	9	1.0	80	0.3	46
エビの卵つけ焼き	114	12.0	5.7	2.4	0.1	27	0.5	40	0.03	0.12	0	1.7	169	0.6	48
エビとまいたけのいため物	76	10.5	3.4	2.0	1.6	55	0.7	138	0.12	0.24	10	1.7	64	1.4	52
カニしいたけシューマイ	55	9.7	0.3	4.2	1.2	40	0.4	36	0.03	0.10	4	1.1	35	0.9	54
寄せなべ	114	17.6	1.8	10.8	6.1	156	2.1	238	0.21	0.23	30	1.7	65	3.3	100

料理名	エネルギー	たんぱく質	脂質	炭水化物	食物繊維	カルシウム	鉄	ビタミンA（レチノール当量）	ビタミンB_1	ビタミンB_2	ビタミンC	ビタミンE	コレステロール	塩分	掲載ページ
	kcal	g	g	g	g	mg	mg	µg	mg	mg	mg	mg	mg	g	
油揚げのツナ詰め焼き	124	13.5	71.0	1.4	0.4	72	1.4	40	0.03	0.05	6	0.9	21	0.4	101
タコと大根の煮物	167	23.6	0.8	15.5	1.5	49	0.8	11	0.06	0.09	12	2.0	150	3.2	101
タイの木の芽焼き	202	22.0	10.8	1.9	0.5	21	0.3	11	0.35	0.10	6	2.4	72	0.9	102
カツオのたたき	133	26.9	0.6	4.1	1.6	48	2.3	185	0.16	0.22	8	0.7	60	0.8	103
ホタテとエビのホイル焼き	108	18.4	1.1	8.0	2.4	48	2.4	36	0.18	0.34	9	1.2	72	1.5	103
キンメダイのみぞれ蒸し	121	10.6	4.7	8.7	1.7	26	0.5	109	0.06	0.08	8	1.2	30	0.7	104
サケの焼き浸し	109	14.6	2.6	5.9	1.0	27	0.6	178	0.12	0.16	12	1.1	36	1.4	106
マグロと焼きなすの山かけ	118	14.3	0.2	15.6	3.5	35	1.6	33	0.12	0.11	8	1.0	27	1.4	108
ホタテ貝柱のフライ	179	11.1	7.7	15.7	1.6	48	2.0	100	0.09	0.24	28	2.5	45	1.4	110
主菜●豆・豆製品															
チャンプルー	119	9.3	5.9	7.3	1.5	114	1.3	13	0.09	0.09	21	1.2	4	1.7	22
肉豆腐	136	13.0	4.3	11.8	2.8	140	1.6	10	0.39	0.13	5	0.6	20	1.4	24
凍り豆腐とにらの卵とじ	130	9.9	6.1	9.2	2.0	112	1.7	333	0.06	0.19	12	2.0	105	1.5	38
みそおでん	141	7.8	4.6	18.4	4.5	156	2.3	1	0.08	0.05	3	0.9	0	2.2	62
空也蒸し	87	7.0	4.7	3.6	0.3	77	1.0	38	0.05	0.14	2	0.6	105	2.1	112
和風ゆでギョーザ	123	9.8	1.8	15.9	1.1	58	0.8	74	0.08	0.08	5	0.5	13	2.3	114
主菜●卵															
しめじとなすの卵とじ	85	6.1	3.0	11.3	4.7	39	1.1	58	0.16	0.26	9	0.7	106	0.7	29
温泉卵のなめたけあんかけ	91	7.6	5.3	5.4	2.0	34	1.3	106	0.11	0.30	5	0.8	210	1.1	32
しいたけ入り卵焼き	141	8.1	7.6	9.9	1.9	34	1.4	262	0.11	0.28	8	1.3	210	1.2	34
目玉焼き	111	7.0	7.3	4.2	1.2	49	1.1	106	0.07	0.24	25	1.4	210	1.2	36
卵とトマトのいため物	131	6.9	9.3	4.9	1.0	33	1.1	165	0.08	0.24	15	2.4	210	2.2	40
えのきの卵とじ	150	17.5	3.2	13.9	3.7	29	1.7	52	0.19	0.29	2	0.9	139	1.7	58
いり卵	42	3.2	2.6	1.2	0.0	13	0.5	38	0.02	0.11	0	0.3	105	0.2	60
副菜●野菜（油、ごま等を使った料理）															
五目きんぴら	99	2.6	4.3	13.0	3.3	66	0.8	350	0.06	0.03	14	1.1	0	0.6	14
アスパラガスとトマトのサラダ	33	1.4	1.6	4.2	1.2	15	0.5	58	0.05	0.04	13	1.0	1	0.4	14
あしたばのピーナッツバターあえ	57	3.5	2.1	7.4	3.6	43	0.8	528	0.07	0.16	25	1.9	0	1.0	20
野菜いため	67	3.6	3.5	6.2	2.1	34	0.5	291	0.13	0.08	37	1.0	5	1.7	32
野菜の七味あえ	60	2.7	3.3	6.2	2.4	57	1.4	350	0.09	0.14	23	1.3	0	0.9	34
たたききゅうり	42	1.7	1.7	5.9	1.8	69	0.7	56	0.05	0.04	14	0.4	0	2.2	42
キャベツの切りごまあえ	17	0.9	0.6	2.5	0.8	30	0.3	3	0.02	0.02	16	0.1	0	0.3	44
キャベツの辛味漬け	22	0.7	1.1	2.9	1.0	23	0.2	4	0.02	0.02	21	0.1	0	0.5	46
大根と桜エビのいため煮	88	7.3	2.5	8.9	1.0	220	0.6	0	0.04	0.03	9	1.2	70	1.2	59
白菜の甘酢漬け	56	0.7	3.1	6.9	1.3	27	0.3	44	0.03	0.05	45	1.1	0	0.6	64
セロリのいため煮	45	1.0	2.1	4.8	0.8	21	0.2	4	0.02	0.03	4	0.2	0	0.9	79
りんごとれんこんのごまサラダ	106	1.8	4.5	16.1	2.1	48	0.5	17	0.07	0.03	27	1.2	3	0.1	84
ひじきとにんじんのあえ物	33	1.7	1.2	5.5	2.8	118	2.4	462	0.05	0.09	7	0.5	0	1.0	110
れんこんのきんぴら	65	1.2	2.1	11.0	1.0	11	0.3	0	0.05	0.01	24	0.8	0	0.5	114
くらげときゅうりのあえ物	47	3.5	1.7	5.5	1.3	59	0.7	44	0.04	0.05	11	0.3	9	1.0	117
副菜●野菜（油を使っていない料理）															
小松菜と油揚げの煮物	69	3.5	3.5	6.8	2.0	200	3.2	520	0.10	0.14	39	1.2	0	0.2	10
青梗菜となめこのさっと煮	22	1.3	0.1	4.5	1.6	83	1.1	272	0.04	0.09	19	0.6	0	1.0	16
オクラたたき	27	2.6	0.2	4.8	3.2	60	0.5	67	0.07	0.07	7	0.8	2	0.9	18
切り干し大根の煮物	117	6.4	1.6	20.0	2.6	86	1.5	280	0.07	0.08	1	0.3	8	2.2	18
かぶの漬物	15	1.5	0.1	1.9	0.6	50	0.1	0	0.02	0.02	7	0.1	14	0.1	22
もやしと小松菜のお浸し	19	2.2	0.1	3.2	1.7	94	1.7	260	0.07	0.11	25	0.5	0	0.9	24
五色漬け	11	0.4	0.1	2.5	0.9	16	0.1	155	0.02	0.02	5	0.2	0	0.0	24
ごぼうの煮物	73	3.1	0.2	15.9	4.6	49	0.7	7	0.05	0.04	2	0.5	12	1.1	26

料理名	エネルギー	たんぱく質	脂質	炭水化物	食物繊維	カルシウム	鉄	ビタミンA（レチノール当量）	ビタミンB1	ビタミンB2	ビタミンC	ビタミンE	コレステロール	塩分	掲載ページ
	kcal	g	g	g	g	mg	mg	μg	mg	mg	mg	mg	mg	g	
白菜の削りガツオあえ	12	1.4	0.1	1.8	0.9	22	0.2	1	0.02	0.02	13	0.1	2	1.2	26
アスパラガスの焼き浸し	21	2.4	0.2	3.5	1.4	16	0.6	47	0.11	0.12	11	1.1	0	0.9	32
大根ときゅうりの浅漬け	7	0.2	0.0	1.5	0.5	10	0.1	6	0.01	0.01	5	0.0	0	0.4	34
貝割れ菜のレモンじょうゆ	18	1.6	0.3	3.1	1.1	31	0.4	155	0.05	0.08	29	1.2	0	0.9	36
蒸しなすのしょうがじょうゆ	22	1.2	0.1	4.8	1.9	16	0.3	14	0.04	0.05	3	0.3	1	0.6	38
きゅうりもみ	8	0.6	0.1	1.8	0.8	16	0.2	28	0.02	0.02	7	0.2	0	0.6	38
さやいんげんとじゃこの煮物	34	3.4	0.2	5.2	1.2	52	0.5	62	0.04	0.07	4	0.2	20	1.2	40
かぶのゆかりあえ	11	0.3	0.1	2.4	0.7	12	0.1	0	0.02	0.02	9	0.0	0	0.1	40
かぶの甘酢漬け	10	0.2	0.0	2.4	0.4	7	0.1	0	0.01	0.01	5	0.0	0	0.0	44
ゆで野菜	21	2.3	0.2	3.8	2.3	20	0.5	56	0.07	0.10	64	0.9	0	0.0	46
ゆでアスパラ	7	0.8	0.1	1.2	0.5	6	0.2	19	0.04	0.05	5	0.5	0	0.0	48
にんじんの梅煮	23	0.2	0.0	5.7	1.0	11	0.1	560	0.02	0.02	2	0.2	0	0.3	50
ピーマンと昆布の煮物	18	0.9	0.1	4.4	1.2	19	0.3	24	0.02	0.03	23	0.3	0	1.0	50
きゅうりの昆布じめ	7	0.5	0.1	1.5	0.6	13	0.2	28	0.02	0.02	7	0.2	0	0.2	52
ゆでそら豆	32	3.3	0.1	4.7	0.8	7	0.7	12	0.09	0.06	7	0.1	0	0.0	54
大豆とじゃこの辛味あえ	85	11.1	2.9	3.5	2.4	116	0.9	42	0.04	0.03	0	0.7	59	2.2	58
きゅうりのカテージチーズあえ	39	4.5	1.4	2.1	0.6	30	0.2	39	0.02	0.06	7	0.2	6	0.3	60
大根とカニ風味かまぼこの酢の物	32	2.3	0.2	6.1	1.1	37	0.3	22	0.02	0.03	8	0.2	2	1.3	62
三つ葉ののりあえ	16	1.8	0.1	3.1	1.8	31	1.1	186	0.03	0.10	13	0.6	0	0.9	66
わらびのお浸し	23	2.7	0.1	3.6	3.0	33	0.8	27	0.01	0.07	0	1.3	2	0.9	68
豆腐の和風サラダ	55	4.2	2.2	4.8	1.3	81	0.7	161	0.06	0.04	10	0.5	0	0.9	70
トマトと青じその和風サラダ	28	2.2	0.2	5.3	1.1	23	0.3	133	0.06	0.04	16	1.0	12	0.8	72
コーンとレタスのサラダ	43	1.8	0.3	9.5	2.5	26	0.5	26	0.04	0.04	3	0.2	0	1.3	76
トマトとサラダ菜の酢みそかけ	34	1.1	0.2	7.8	1.3	15	0.4	66	0.05	0.03	11	0.7	0	0.3	80
きゅうりのみょうがかけ	24	2.0	0.1	4.7	1.8	43	0.6	128	0.05	0.07	15	0.5	0	1.3	81
大根のカレー風味煮	80	1.7	0.5	17.9	4.0	56	1.3	423	0.08	0.03	31	0.5	0	1.1	82
かぼちゃの煮物	83	1.3	0.2	19.4	2.5	11	0.4	462	0.05	0.06	30	3.6	0	0.3	86
ピーマンのお浸し	28	2.0	0.2	5.8	2.4	17	0.6	54	0.04	0.06	65	0.7	0	0.9	88
冷やしトマト	19	0.7	0.1	4.7	1.0	7	0.2	90	0.05	0.02	15	0.9	0	0.0	90
ブロッコリーのからしあえ	34	3.9	0.6	5.8	4.3	33	1.0	104	0.12	0.17	96	2.0	0	0.7	92
ゆで枝豆	54	4.7	2.5	3.5	2.0	23	1.1	18	0.12	0.06	11	0.6	0	0.0	92
冬瓜の煮物	66	7.2	0.2	9.2	1.5	32	0.3	2	0.02	0.03	40	0.7	48	1.3	94
春菊とえのきのあえ物	26	2.7	0.3	5.3	3.5	99	1.7	601	0.13	0.17	16	1.8	0	0.7	94
素焼きなす	45	2.2	0.7	8.4	2.4	29	0.7	47	0.05	0.06	8	0.6	1	1.3	96
キャベツの浅漬け	12	0.7	0.1	2.7	1.0	24	0.2	22	0.02	0.02	21	0.1	0	0.3	96
春菊の粒マスタードあえ	32	2.8	0.8	4.7	3.2	125	1.8	750	0.11	0.17	19	1.7	0	0.9	98
なすの丸煮	69	2.5	0.2	16.2	3.6	32	0.6	27	0.09	0.10	6	0.5	2	1.3	104
ぜんまいの煮物	103	3.0	6.4	9.0	2.7	41	0.7	2	0.01	0.01	0	1.1	0	0.6	106
ほうれん草のお浸し	26	3.1	0.4	4.1	3.2	54	2.2	746	0.12	0.23	37	2.1	0	0.9	106
大根とイカの煮物	71	6.5	0.5	10.2	1.3	30	0.4	4	0.04	0.04	11	0.6	81	1.5	108
アジの酢の物	64	9.3	1.5	3.3	0.8	27	0.6	30	0.06	0.10	6	0.3	31	1.1	112
竹の子の煮物	71	4.7	0.2	13.7	3.3	20	0.6	2	0.05	0.11	8	1.1	2	1.5	112
焼きささ身とほうれん草のあえ物	51	9.0	0.5	2.9	2.1	39	1.7	527	0.11	0.19	27	1.6	20	0.9	116
ハムともやしのわさび漬けあえ	36	4.3	0.7	3.8	1.0	17	0.4	18	0.16	0.09	16	0.2	7	0.7	117
おかひじきのタラコいり	37	5.5	1.0	1.8	1.3	80	0.8	280	0.17	0.15	17	1.9	70	1.0	118
副菜●芋															
蒸しさつま芋	66	0.6	0.1	15.8	1.2	20	0.4	2	0.06	0.02	15	0.8	0	0.0	44
和風粉吹き芋	89	1.8	0.1	21.0	1.5	5	0.4	5	0.10	0.04	38	0.0	0	0.5	66
さつま芋の甘煮	144	1.0	0.2	35.1	1.8	32	0.6	3	0.09	0.02	23	1.3	0	0.1	74
副菜●海藻・きのこ・こんにゃく															

料理名	エネルギー kcal	たんぱく質 g	脂質 g	炭水化物 g	食物繊維 g	カルシウム mg	鉄 mg	ビタミンA（レチノール当量） μg	ビタミンB1 mg	ビタミンB2 mg	ビタミンC mg	ビタミンE mg	コレステロール mg	塩分 g	掲載ページ
切り昆布と糸こんにゃくの煮物	38	1.0	0.0	11.4	3.4	90	0.7	8	0.02	0.03	1	0.0	0	1.2	12
豚肉と乾物の煮物	103	8.1	3.2	12.4	4.7	45	0.8	1	0.30	0.11	0	0.6	20	0.6	20
ひじきの煮物	82	2.8	5.4	7.3	2.5	104	3.3	168	0.03	0.07	0	0.9	0	0.8	36
こんにゃくとしめじの煮物	29	2.1	0.2	5.4	1.8	16	0.4	0	0.05	0.06	2	0.0	2	0.9	48
鶏レバーとこんにゃくのみそ煮	60	6.8	1.5	4.9	1.1	24	3.2	4200	0.12	0.55	6	0.2	111	1.2	54
アサリとひじきの当座煮	66	7.5	2.0	5.0	1.5	96	8.1	44	0.04	0.07	1	0.8	18	1.4	56
きのこと竹の子のいため煮	39	1.7	2.1	4.4	1.3	6	0.2	1	0.04	0.08	3	0.8	0	0.9	56
豚肉と凍りこんにゃくの煮物	106	14.0	2.2	7.8	1.8	39	1.0	2	0.58	0.15	1	0.2	40	1.4	57
わかめのさっと煮	13	1.8	0.1	1.8	1.2	39	0.3	11	0.01	0.01	0	0.1	12	1.2	64
しめじのホイル焼き	20	2.6	0.5	5.0	3.0	3	0.4	0	0.13	0.14	8	0.0	0	0.9	88
こんにゃくのカレー煮	53	1.3	1.3	10.8	3.8	74	1.3	17	0.02	0.04	1	0.4	0	1.3	90
こんにゃくの刺し身	37	1.4	0.3	10.9	5.9	67	2.7	65	0.01	0.10	0	0.1	6	0.6	98
もずくと夏みかんの酢の物	30	1.4	0.1	6.9	1.8	32	0.7	49	0.05	0.04	22	0.3	0	1.0	104
糸かんてんのあえ物	45	3.8	2.2	3.0	0.5	23	0.4	17	0.15	0.06	12	0.2	7	1.3	114
切り昆布の煮物	39	3.6	0.3	6.6	1.9	21	0.4	84	0.06	0.07	2	0.1	7	1.1	116
焼きしいたけとオレンジのあえ物	25	1.4	0.2	6.2	1.6	14	0.3	62	0.07	0.08	20	0.2	0	1.1	118
凍りこんにゃくのあえ物	17	1.1	0.1	4.2	2.6	129	1.5	340	0.03	0.08	24	0.7	0	1.0	119
副菜●その他															
牛乳かんのウニのせ	79	5.7	3.8	5.3	0.2	95	0.3	65	0.05	0.20	4	0.7	53	1.0	92
汁物															
じゃが芋とわかめのみそ汁	57	2.1	0.7	11.1	1.2	13	0.6	1	0.05	0.03	18	0.1	0	1.3	10
もやしとキャベツのみそ汁	31	2.2	0.7	4.6	1.5	27	0.6	2	0.03	0.04	16	0.2	0	1.2	16
アサリのみそ汁	24	3.2	0.5	1.5	0.3	36	1.8	10	0.01	0.07	1	0.3	16	1.7	20
湯葉と貝割れ菜のみそ汁	37	3.0	1.5	2.6	0.7	19	0.7	16	0.01	0.02	2	0.3	0	1.2	22
とろろ昆布汁	17	2.3	0.1	3.2	1.4	36	0.5	11	0.03	0.04	1	0.1	4	1.2	78
野菜スープ	26	0.9	0.3	5.1	1.1	15	0.2	146	0.03	0.02	11	0.1	0	0.6	84
コーンわかめ汁	34	0.8	0.2	7.7	0.9	9	0.2	5	0.01	0.02	1	0.0	0	0.8	86
カニのみそ汁	30	3.5	0.7	2.5	0.6	32	0.5	19	0.01	0.04	2	0.5	12	1.4	98
ほうれん草のすまし汁	32	2.8	1.7	1.4	1.1	28	1.1	303	0.05	0.15	14	1.0	63	1.3	108
きのこのすまし汁	16	1.8	0.2	2.7	0.9	3	0.2	0	0.04	0.05	2	0.0	2	1.0	110
鶏肉のふわふわ汁	39	7.8	0.5	0.4	0.2	3	0.1	8	0.03	0.07	1	0.1	21	0.9	119
主食															
卵雑炊	278	10.9	6.1	44.5	3.1	45	1.6	326	0.19	0.31	4	1.2	210	2.1	42
そばずし	359	19.8	4.8	61.5	5.2	70	3.2	186	0.37	0.33	10	1.0	109	4.3	68
すいとん	283	17.8	1.6	48.6	5.1	58	1.1	23	0.17	0.17	14	0.8	53	2.7	70
焼きうどん	284	14.1	6.9	42.0	4.2	23	1.6	38	0.47	0.22	40	2.3	22	3.7	72
二色そうめん	291	13.4	4.5	48.3	4.5	99	1.7	120	0.09	0.17	8	1.1	110	4.5	74
タラコスパゲティ	335	20.6	6.9	50.5	5.8	25	2.0	78	0.61	0.40	21	3.2	149	1.9	76
カニ豆腐どん	324	12.7	2.8	58.9	1.6	60	1.2	12	0.18	0.08	1	1.4	21	2.3	78
焼き飯風いためご飯	326	16.2	4.6	57.1	5.3	51	1.2	57	0.26	0.23	11	2.3	85	2.0	79
海鮮どん	336	19.0	4.4	52.6	1.7	32	0.6	68	0.24	0.10	7	2.6	102	1.2	80
にゅうめん	261	16.7	1.4	46.5	4.9	34	1.4	295	0.25	0.19	12	0.4	28	4.3	81
おやつとデザート															
りんごのヨーグルトかけ	41	1.5	1.2	6.3	0.5	49	0.0	14	0.02	0.06	2	0.1	5	0.0	72
ヨーグルトかん	100	3.4	0.7	20.2	0.3	108	0.0	6	0.03	0.13	0	0.2	0	0.0	120
冷凍フルーツ	28	0.4	0.1	7.3	0.8	10	0.1	4	0.01	0.01	18	0.4	0	0.0	120
プルーンの紅茶煮	52	0.7	0.4	12.9	2.3	12	0.3	0	0.02	0.04	0	0.0	0	0.0	120
焼きとうもろこし	78	3.3	1.4	14.0	2.4	4	0.7	7	0.12	0.09	6	0.3	0	0.9	121
ロイヤルミルクティー	100	8.1	2.1	11.7	0.0	274	0.2	27	0.08	0.39	0	0.0	12	0.3	121
りんごの甘煮ヨーグルトかけ	104	3.5	0.8	22.3	1.2	108	0.0	8	0.05	0.13	6	0.2	0	0.0	121

バランス献立シリーズ ……………………………2
改訂新版
1200kcalの和風献立

献立・料理作成・
栄養計算――――大石みどり
撮影――――――内田　保
南郷敏彦
スタイリング――ひめこカンパニー
表紙デザイン――後藤晴彦
レイアウト―――佐藤　順(オフィスHAL)
峯岸昌代(オフィスHAL)
校正――――――編集工房クレヨン
共同制作社

発　行―1996年1月　初版第1刷発行
2002年7月　初版第14刷発行
2003年4月1日　改訂新版第1刷発行
2007年4月1日　改訂新版第5刷発行

発行者―香川達雄
発行所―女子栄養大学出版部
〒170-8481　東京都豊島区駒込3-24-3
電話　03-3918-5411(営業)
03-3918-5301(編集)
ホームページ　http://www.eiyo21.com
振替　00160-3-84647

印刷所―大日本印刷株式会社

ISBN978-4-7895-3512-0